《キャリアデザイン選書》

人材育成論入門

川喜多 喬

法政大学出版局

はじめに

　人材育成の大切さは世の多くの人々がさまざまな場面で感じ，そのために多様な努力をし，多くの回答を示してきた。ところが，大学生向きの教科書は少ない。というのも，大学で人材育成を論じる科目がほとんどないからである。

　そうした現状のなかで，2003年4月，わが国初のキャリアデザイン学部が法政大学に開設された。それに伴い，キャリアデザイン学の構築・展開をベースとした，キャリアデザイン教育のための教科書シリーズ《キャリアデザイン選書》の刊行が企画された。この小著は，その第1冊目として刊行される。

　本書の対象者は18, 19歳の学生たちである。これらの年齢の人々は，教育とか学習とかという言葉を聞いたことはあっても，人材育成という言葉はあまり耳にしたことがないであろう。なぜなら，子供・生徒・学生を相手にする教育学の研究者は，また彼らに育てられた教員は，職業・産業の必要とする人材を論じることを忌避し，人材という言葉すら嫌ってきたからである。しかし，そういう若い人々をこそ，しっかりしたキャリア観をもった人材として育成することが，キャリア教育のブームを起こしている時代の要請である。そこで，人材育成の基本的な考え方を学んでもらおうとしてこの教科書を著した。

　もとより，人材育成の行われるすべての場面を想定して議論をすることは，無理である。そこで本書では，学校教育や社会教育また家庭教育などでの人材育成ではなく，組織，とりわけビジネス・経営組織における人材育成を中心とした。とはいえ，それ以外の分野・組織においても，人を育てる人，また育てられる側に立つ人，いずれもが知っておくべきモチベーションやリーダーシップの基礎的な考え方を理解するのに資するであろう。

　そのため，組織に入るフレッシュマンや初任リーダーの方々にも人材育成論への入門となると思う。もちろん，より専門的な議論は，人事管理論や人的資源管理論，キャリア開発論，産業訓練論など，それぞれの上級の科目で学ぶべきことである。

　はじめて人材育成を考える人にとってのスムーズな導入のために，構成は

徐々に難しくなるようにした。したがって前から順次読んでいただければ幸いである。読者にできるだけ多くの言葉を覚えてもらうため，やや過剰に用語を使った。また，引用に洋書が多いが，別段，欧米の議論が進んでいるというつもりではない。日本語の文献は書店や図書館で容易に手にすることができるだろうから，あえて私が紹介・引用するほどのことはないと考えたためである。それぞれの見識で，日本の本は手にしてほしい。

　『路傍の石』で有名な山本有三が「人材養成」という言葉を使っているらしいことは，栃木市の記念館を訪ねて知った。「養成」でも「開発」でも「育成」でも構わない。「人材」でも「人才」でも「人財」でも構わない。優れた人を育てるということは，言葉をどう変えようと，難しい。難しいので『人材育成入門』という題にせずに，『人材育成論入門』とした次第である。多様な論の間に立って，私も迷っている。が，迷いを払拭して人材を育ててきた人々，育てている人々のおかげで，われわれはどれだけの成果を享受できていることだろうか。感謝すべきことである。

　私事ではあるが，私を育ててくれた母に，本書を捧げる。

　　　平成 16 年（2004）9 月 1 日　　　　　　　　　　　著　　者

目　次

はじめに　iii

第1章　「キャリア開発」と「人材育成」 …………………… 1

1　キャリア：「エリートへの道」という考え方からの脱却　1
キャリアという言葉／多様なキャリアに向けての人材育成

2　人材となる大切さ：自分の選択と他者からの選別　5
人材という言葉／どのような素材になるか

3　人材育成は恒久の課題，人材育成論は開発の途上　8
人材育成は古くからの課題／人材育成論議には怪しげなものも

第2章　教育，学習，啓発，育成 ……………………………… 11

1　学ぶ，教えるという言葉　11
学ぶという言葉／教えるという言葉

2　育てる，習う，自己啓発　13
育てる，習うという言葉／啓発という言葉

3　生涯学習時代の個人と組織　15
無知の自覚／忘却の必要性

第3章　疑問の習慣 ……………………………………………… 19

1　大企業病，大国病の兆候を疑う　19
大企業ほど人材育成が巧いか／野性の復権

2　中小企業の人材育成　22
起業家たちの革新的行動／企業規模を弁解の理由とせず

3　異端児，天の邪鬼，マージナルマンの大切さ　24
過剰同調からの脱出／経営の現場の疑問への新しい回答

第 4 章　組織経営と人材育成 ……………………………… 29

1　マネジメントや経営という言葉の語源と人材育成　29
マネジメントという言葉／経営という言葉

2　「組織の時代」以前の経営における人材育成　31

3　大企業組織の誕生と成長：組織だった人材育成の必要性　32

第 5 章　仕事の組織の中での人材育成 ……………………… 35

1　仕事の場で学ぶ　35
OJT，Off-JT／集団の技芸（art）としての人材育成

2　「現場主義」の思想　37
現場で学ぶ，教える，育つ／経営の現場の応用問題

3　失敗が人を育てる，疑いが人を育てる，実験が人を育てる　40
試行錯誤で学ぶ／常識から逸脱して学ぶ

第 6 章　やる気（モラール）とやる気おこし（モチベーション）……… 45

1　モラール　45
やる気の喚起は育成の第一歩／逆境からの成長

2　モチベーション　49
何がやる気を育てるか：さまざまな要因／言葉一つで人を育てる

3　積極的な姿勢：人材育成の一つの目標　52

第 7 章　人を育てるチームワークとリーダーシップ …………… 57

1　同じ釜の飯を食う，同じ屋根の下で育つ　57
チーム／仲　間

2　過剰同調を避ける学習集団づくり　60

3　リーダーシップ　61
後ろ姿で教える／孤立しない

4　チームリーダーの育成　64

第8章　生涯学習組織における人的資源管理 …………………… 67

1　学習能力のある個人と組織　67
学習集団，学習組織／学ぶ組織，学ばない組織

2　学ぶことを学ぶ人的資源開発　70
企業も学校／自立して学べる個人づくりが組織の使命

3　人材育成の環境はどう変わるか　73
顧客の趨勢／13のK

第9章　外国の職業人材育成の歴史 ……………………………… 79

1　職業教育は教育の基本の一つ　79
2　徒弟制度による職人育成の時代　81
師弟関係による育成／社会的規範の母胎としての職人社会

3　徒弟制から集合教育へ　84
大量生産と専門分化の時代／実業学校の登場

4　専門団体の成立と訓練技法の開発　86
5　TWI, JIT, OD, TQM　87
経営組織内人材育成技法の体系化／職業教育の普及と焦点の拡散

第10章　日本の職業人材育成の歴史 …………………………… 91

1　「殖産興業」「実業」のための人材育成　91
先進国化を支えた産業訓練／実業教育当然の時代

2　技法の輸入から独自の体系化へ　94
訓練技法の輸入／体系化と日本的変容

第11章　現代の経営組織と人材育成 …………………………… 99

1　経営戦略と人的資源管理の課題　99
経営課題変化のなかの人材育成／人事管理変化の中の人材育成

2　逆境下のキャリア管理はキャリア自主管理意識の涵養へ　102

3　日本企業の人材育成と育成スタッフの課題　　104
　　　　　経営組織における人材育成企画担当者の悩み／効果と効率を問われる社員教育

第12章　生産職・サービス職・専門職の人材育成 …………… 109
　　　1　製造現場での品質管理と小集団活動　　109
　　　　　品質管理の歴史／人材育成装置となった品質管理
　　　2　サービス現場の人材育成　　113
　　　　　接客サービス教育から全社的サービス教育へ／顧客サービスの意味と現場教育
　　　3　専門職（プロフェッショナル）の人材育成と創造的組織　　118
　　　　　組織内専門家の育成／全員専門家，全員生涯学習者

第13章　ホワイトカラーの人材育成 ……………………………… 121
　　　1　事務系の人々の人材育成　　121
　　　　　遅れがちなホワイトカラー育成手法の精錬／職掌ごとに多様な育成法
　　　2　女性正社員の能力開発　　124
　　　　　成果と効率重視時代の女性社員／女性社員育成の阻害要因
　　　3　海外派遣要員の人材育成　　128
　　　　　多文化衝突と多様性の管理／発展途上の国際化教育

第14章　ベテラン層や経営リーダー層の人材育成 …………… 133
　　　1　高齢化・低成長時代とキャリアデザイン教育の重要化　　133
　　　　　高齢化問題の顕在化／キャリアコースの急激な変化への自覚の必要性／中高年者のキャリアデザイン訓練
　　　2　経営者・起業家の人材育成　　138
　　　　　産業と経営再生のリーダーへの期待／経営者精神・起業家精神の育成

　　注
　　索引

第 1 章
「キャリア開発」と「人材育成」

1　キャリア：「エリートへの道」という考え方からの脱却

キャリアという言葉

　人を育てる——言うまでもなく多くの人々がこの課題に取り組んできた。ひとり教師の仕事ではない。意識するかどうかは別として，すべての人が身の回りの人をなんらかの形で育てていると言っても過言ではない。

　この本では，人材育成のすべてを扱うわけではない。とりわけキャリアの育成を取り扱いたいと思う。この 10 数年来，キャリア開発（career development）やキャリア訓練（career training），キャリア管理（career management）への関心は，多くの経営者や労働組合のみならず働くすべての人々において強くなってきており，そうした関心に応える必要がある。

　そこで，まず，キャリアという言葉は何を意味するか，という議論をしておかねばならない。

　キャリアという言葉が日本よりはるかにビジネス界では通用語となっているアメリカの，ある人事管理用語辞典によると，キャリアを狭く定義すると，「個人がその労働生涯を通じて持つ，一連の職業および職務」だということになる。[1]

　しかし最近では，富裕化とともに，仕事だけの人生への疑問などから，職業と生活のバランスをとろうという意識が強くなった。また高齢化で，職業引退後の生活に向けての人生設計のためにも労働以外のライフコース（life cource）[2]を強く意識せざるをえないようになった。こうしたことから，「キャリア」とは，労働・職業の世界での生き方に限定されず，人が次々と採っていく，生の諸過程（ライフプロセス）であり，それがある種の生き方（ライフスタイル）を表現

するものである，と考えられるようにもなっている。「キャリア」という言葉を一言で定義するのが難しくなっているのもそのためである。しかし，定義が確定していないからといって，新しい言葉も使わなければ，生まれつつある現実を見る知的想像力の冒険を断念するに等しい。

もとよりキャリアという言葉は古い言葉であり，そしてその意味は変わってきたが，変わりつつも，それぞれの時代の意味を後生に残してきた。

ラテン語におけるキャリアの語源は，「馬車」(carrus)。そこからさらに「馬車道」(carraria) となる。まっすぐに作られたことで有名なローマの街道を馬車が走ったからか，16世紀ごろから，乗馬をする人ならおなじみの言葉だが，ギャロップ，さらに疾駆の意味にもなり，また競馬のコース（フランス語でcarrière）という意味でも使われるようになる。ラテン語からフランス語へ，やがて英語に career という単語が現われるのは，16世紀初期になってからである。シェイクスピアの『ヘンリーⅤ世』(1573年) にもキャリアという言葉が出てくる。「王様は湿地も馬車道も駆け抜ける」("(The king) passes some humours and careers")。派生して，迅速な運動，あるいは途切れぬ運動をも意味した。中立的な意味で，たとえば太陽の通り道の意味などで使われたこともあるけれども，17世紀，18世紀においては，俊敏で他から抑制されない動きを意味したらしい。

これらのことから，キャリアという言葉には，目的への前進とか，目的への乗り物とか，決まったコースとか，速さとか，競争とか，自立とかの意味が，いまだにつきまとっている事情がわかるであろう。

現在の意味での雇用の道筋・路程（course of employment）という使われ方は19世紀になってからだ。今までみてきたような事情から，同じ雇用でも，「キャリア組」などと現在でも使われるような，「高い威信を持った働き方」という意味は，19世紀初頭から強まってくる。「おそらく19世紀初期から，キャリアという言葉が外交官や政治家を意識して使われるようになった」。

しかし，ある高い威信の職につきたいと必死になる人もいれば，それを見下げ果てたことだと考える人もいる。現代でも，「キャリア・アップ」に血道をあげる人もいれば（ちなみにこういう英語はない），浅ましい連中だと蔑視して眺める人もいるのと同じである。キャリアを目指す人を蔑視して，出世主義者（careerist：最初の記録は1917年)，出世主義（careerism：最初の記録は1933年）と

いう言葉が，早くも20世紀初頭には生まれた。当初は，議会内での出世志向を意味したのである。

しかし，どう蔑視されようが，政治家や高級官僚，また実業界のエリートがおいそれと反省するはずはない。むしろ，キャリアを目指すことを誇りとし，キャリアへのコースにいることを低い威信の職につくことと区別するために使われるようになる。かくして20世紀後半から，ホワイトカラーの急増したアメリカでは，キャリアは，通常，政府，実業界，あるいは専門家業界などにおける，威信の高い職業的役割の意味で言われるようになる。手足・体を動かして働く労働者（manual worker）は，「キャリア」ではなく「ジョブ」を持つと言われ，知的労働者と区別されてしまった[7]。

企画・調査・研究などの「間接部門」に属するキャリアについて，需要の変動によって必要量が変動する「直接部門」に属するジョブに比して直ちには変動しないし，それどころか需要創造にすら資するとして，ジョブは崩壊してもキャリアは残ると議論されたことがある。「製造業空洞化」で現場の仕事は海外に移転しても，国内には知的な労働は残って，海外との垂直分業ができ，「知識集約型産業国家」として繁栄を続けるだろうというような議論である。このような議論はアメリカでも先にあった。だが，近年，この予想を裏切って，自称他称知的労働者，知的組織人たちのキャリアまでが崩壊しはじめ，「キャリアは死んだ」という大げさな議論までが出るようになった。できあいの「キャリア」を目指せばすべてうまくいくと思いこんだり，あるいは「キャリア」をエレベータとかエスカレータのイメージで描いて終わるのではなく，いかなる「キャリア」が良く生きる道になるのか，そういう「キャリア」を走る自分の力の育成をどうすればいいのか，またそういう走り方をしてくれる人を組織としてどう選別し，残し，管理すればいいのか，現代の「人材育成論」論議の問題意識の一つはこういうところにきているようである。

多様なキャリアに向けての人材育成
　まさにその時代にあっても，組織において，（外見上，あるいは人々の意識において）高い地位を維持し続けようとすることだけがキャリアの意味ではなくなってきていることに注意せねばならない。

1980年前後より心理学の方からキャリアに迫っていたシャインの議論は，キャリア観の豊饒化には（経営学の主流からは無視されていたが）役立ったと思われる。

　シャインによれば，キャリアには本人からの意味づけ（internal meaning）と周りからの意味づけ（external meaning）とがある。外からみれば，キャリアとは「ある職業に結びついた公式の役割の連続」である。たとえば，学問の世界では，大学院生，インストラクター，助手，助教授，教授と進む，これがキャリアとなる。いわゆる総合職女性が，私はキャリアを歩んでいるのか（係長，課長，部長になれるのか）心配だと意識するとすれば，それは，この意味である。

　しかし自分自身の観点から言えば，キャリアとは「（一つであることもあるし複数であることもある）外的なキャリアを歩みながら採る人生の役回りの連続」である。自分の人生の定義（「これが私の生き方だ」）次第では，自分にはキャリアと思われることが世間からみれば「キャリアをはずれている」と見なされることもある。アーチストを人生の役回りと考える者にとっては，大学からのドロップアウトや，最近はやりのフリーターになることも「キャリア」であろう。身の回りの人々に優しくありたいという役を選ぶ者が，管理職になることを拒否したり，育児のために会社を辞めたりして，その後，低賃金のパートの道につく，これもキャリアであろう。

　シャインは，「キャリアという用語は，ある職業またはある組織に長期にわたってコミットメントをするとか，大きな心理的な投資をすること」という意味もあるとしている。そういうコミットメント（献身）への意識が強くなってきたことが，いまだ曖昧なところを多く含んでいるとはいえ，キャリアという言葉が多くの人々によって使われるようになってきた理由の一つであろう。その意味のキャリアとは，自分が賭けることに決めた人生の歩み方である。

　だから個人の価値観が揺らいだり多様化すれば，個人の側からキャリアは変えられる。それと，外的な事情で不要とされたり必要とされたりするキャリアが揺らぎ多様化することの相乗効果がある。かくして，現代のキャリアの変動はまことに激しく，つかみづらい。

　私はあるキャリアを生きたいといっても，世の中がそうさせてくれるはずだ，それは世の中の側の責任だと考えるのは，とんでもない自己中心主義（ミーイ

ズム）というべきであろう。他の人々がその歩み方をしたい人を「人材」と見てくれなければ、だれも進んでそのために資源（場，役割，カネなど）を出してはくれないのが現実であろう。「キャリア開発」は「会社の責任だ」あるいは「自分以外のすべての他人の責任だ」というような議論をする人もときにある。が，それには私は与しない。とはいえ，最近の個人責任ばかりを声高に言う議論も行き過ぎの観がある。個人責任ばかりにゆだねてしまっては崩壊してしまう組織の方が多かろうと思うからである。「キャリア開発」は，自己責任を果たそうとする個人と，その人を必要とする側との協同作業であろう。この本でそれを私は「人材育成」と呼びたいのである。

2 人材となる大切さ：自分の選択と他者からの選別

人材という言葉

　前節に書いたように，「自分らしいキャリアを歩みたい」，だから「歩ませろ」というのは，いわば「生産者主権主義」である。作ったものは利用しろ，売っているものは買え，という発想は，共産主義国家か官僚国家からの押しつけと同じである。これに対して「消費者主権主義」「顧客主権主義」は利用者，消費者に選ぶ権利を与える。消費者や顧客が十分に多数で，個性的であり，カネと暇と情報があって，つまりは有効需要が大きければ，選別に負けることなく，あなたもキャリアを選択できる。しかし，この世がそのような天国になることは金輪際ないだろう。とはいえ，ある程度は，良い方向に進みうる。他人が選ぶ人材像を知ることが一つの手段である。「自分らしいキャリア」を性急に，勝手に，こうだと決めつけないことも，一つの手段である。自分がどういう人材でどういうキャリアに適しているのか，またその適性を生かすことがはたして自分にとって本当に「楽しい」ことなのか……など，そうそう簡単にはわかるわけはないのだ。あなたの人材としての力を簡単なテストで診断してあげますという人が近づいてきたら，逃げるにこしたことはない，と私は助言したい。

　それにしても，まずは自分は誰にとってどのような人材であるか，ありうるか，と見る視点は大切である。

ところが，世の中には「人材」という言葉を嫌う人がいる。「材」と言ってはいけない，「財」と言えという人もいて，組織の中には，人材育成課，人材開発部ではなく，人財育成課，人財開発部とわざわざ言い出すところまである。学者のなかにも，人材という言葉が嫌いだとしきりに言う者がいる。なぜなら，材は材料の材であり，人間を材料扱いすることはけしからんことだ，と……。私は，たとえ比喩であるにせよ，材料とされることは立派で，材料にもなりえないよりはましだと思うのだが。

　人を木石扱いしてはならぬという感情を，すべて否定はしない。しかし，木や石として扱われるだけの能も持っていないとすれば，捨てられて顧みられぬかもしれない。そもそも，「木」も，「材」という言葉も，漢字の歴史上，大変良い意味で使われた言葉であった。木は古代にあっては（中国でも日本でも，また聖書発祥の地でも）地に神の現われる場所であった。木を使って先祖を祭る聖なる場所の目印とする。「才」とは，聖地の標識，家を建てる場合の境界の印(10)，英語で言えば「ベンチマーク」(11)であった。かつては，立派な家は，先祖を祭る廟堂であったから，その目印となる木（才）は「聖なるものの目印」の意味となり，才は立派な人，立派な能力を意味するようになる。それに，もともと聖なる意味のある木偏がついた材は，優れた素質をもったもの，という意味になる。

　木石は人に劣るべきもの，と考える思考法こそ，むしろ自然回帰，環境保全の時代にアルカイックな考え方とされるべきかもしれない。木は農に生きるにも工に生きるにも，さらには戦の用具を作るのにすら，大切なものであった。その大切な木を素材にして，立派な家や道具を作る者が工（たくみ）である。「工」の字は，おそらく木で作られた，神の前に祈るための道具の形である(12)。木を上手に使う者が大工で，大工は職人の頭領となる。人材育成には人材を見抜かねばならず，上手に使わねばならぬ。それは，その道を窮め尽くした大工が木を大切にするのと同じである(13)。ゆえに，人材と言われたり言うことを恥じる学者などの方が世間知らず，智恵知らずと言うべきである。

　唐の大詩人，李白は次のように書いている。(14)

　　　天生我材必有用　　　天の我が材を生める必ず用うるあり

千金散盡還復来　　　千金は散じ尽くせばまたまた来たらん

　自分は材であるから、今は零落することがあっても、きっと使われるであろう。たとえ財産なんかなくしても、きっと取りもどせるのは、自分が材であるからだ。リストラ騒ぎで、組織から放り出され不遇になることがあっても、自分が人材であると信じられるなら自信をもって生きていける、ということである。

　材と才とは、しばしば同等に使われてきた。人材は、しばしば人才と書かれた。たとえば「李白は天才の絶、白居易は人才の絶、李賀は鬼才の絶」。これは、唐代の代表的な詩人を評した有名な言葉である。いずれも「天材」、「人材」、「鬼材」と書き換えてもよい。唐の時代、韓愈は自分の売りこみの文書の中で、いまでいう才能にあたる言葉に「材能」の字を使っており、別の文章では「才能」と書いているので、材も才も同じ意味であることがわかる。また、「聞く、古の人に周公なる者有り。其の人と為りや、材と芸と多き人なりと」。才が多い＝材が多い、である。しかし多芸は無芸に通じるかもしれない。多芸よりも一芸に通じる方がよいかもしれない。同じ韓愈は自分の売りこみの文書の中で、立派な人物のことを「高材」と呼んでいる。多くても高くても、これに対する「不材」よりはましであろう。

どのような素材になるか

　中国、さらに日本人のものの考え方にも大きな影響を与えた老子も、人を木にたとえた。木、そしてしかも人手の加わらぬ素材であることの大切さを言っている。

　　　道の常は名無し。樸（ぼく）は小なりと雖も、天下敢て臣せず。

　樸とは、山から切り出したばかりの原木のことである。下手に相手に合わせて形を決められてしまうと、他に通用しない人材になってしまう。相手や機会をじっとうかがって正体を知るまでは、原木の良さのままでいるほうがよく、キャリアを早く決めない方がよいのかもしれない。

老荘思想の創出者として老子と並び称される荘子も，木の運命を人の運命にたとえている。[23]

> 荘子山中を行く。大木の枝葉盛茂するを見る。木を伐る者，其の旁に止まりて取らざるなり。其の故を問う。曰く，「用うべき所無し」。荘子曰く，「此の木不材を以て其の天年を終うるを得たり」。夫子，山を出で故人の家に舎す。故人喜び，豎子（手伝いの者）に命じ，鴈を殺して之を煮しむ。豎子請いて曰く，「其の一は能く鳴き，其の一は鳴く能わず。請う奚れかを殺さん」。主人曰く，「鳴く能わざる者を殺せ」。明日，弟子荘子に問うて曰く，「昨日山中の木，不材を以て其の天年を終うるを得たり，今主人の鴈は，不材を以て死せり。先生将に何くにか処らんとする」。荘子笑いて曰く，「周は将に夫の材と不材の間に処らんとす。材と不材の間は之に似て非なり。故に未だ累（巻き添え）を免れず」。

材として見いだされ用いられていい場合もあるし，用いられない方がいい場合もある……，誰に，何のために人材とされるか，それ次第だ，という教訓にも読み取れる。

3 人材育成は恒久の課題，人材育成論は開発の途上

人材育成は古くからの課題

最近，にわかに人材育成，人材育成と騒がれるようになった観がある。が，こうしてみると改めてわかるように，人材（人才）が，社会・組織・集団などにおいて大切なことだという認識は，別段，新しいものでもなんでもない。

多くの先進資本主義国では，組織がつぶれても失業するぐらいで済むが，かつて戦国の組織では戦に負ければ死ぬことになる。ゆえに，組織のリーダーは常に負けないことを考える。負けないためには人材が最重要と繰り返し文学作品や種々の教説で言われてきた。たとえば，次の言葉は古代インドのものだ。[24]

国土の一部を失うと，／智徳の臣を失うと，／この中後者は王にとり，／正しく死をば意味しなん。／領土はたとい失うも，／再び得るに難からず。／されど家臣は然らざり。

次の文章は，かのマキアヴェリのものである[25]。

人間と武器と金とパンは，戦争の「神経」である。しかし，この四つのうちでより重要なのは，前二者だ。なぜなら，人間と武器があれば金とパンを得ることは可能だが，金とパンでは，人間と武器を得ることは不可能だからである。

勇将のもとに弱卒ある場合と，弱将のもとに精鋭ある場合とでは，どちらが軍として信頼がおけるであろうか。ティトウス・リヴィウスの考えは，どちらかといえば，前者に傾いているようである。ローマの国力の増強は，勇将が輩出したからである，というわけだ。しかし，歴史上には，後者の例も多い。こうなると，前者と後者は互いに依存しあってこそ目的は完全に達成できると，考えたほうがよさそうである。なぜなら，一方だけでは用をなさないからだ。カエサルも，こう言っている。スペインの地に，ポンペイウスの副官たちが率いる軍を征めにいったときだ。「この戦いは勝てるだろう。将のいない軍隊を征めるのだから」。また，テッサリアの地に，ポンペイウスと対決するためにおもむくときに，同じく勝てると確信しながらだろうが，こう言った。「軍をもたない将を，征めにいく」と。

人材育成論議には怪しげなものも
このように古くからの課題であればこそ，「人材」に関する論議はきわめて多い。しかし，人材に関する研究が科学の域に達しているかどうかは別物である。あまりにも多様な現実について，あまりにも多様な人によって，あまりにも多様な言い方がされ，人材育成論は，科学としてはまだ幼児期である，と私は考えている。

そもそも「人材」という言葉にしてからが，上では抽象的には定義したが，

具体的にどういう人が指されているか，それは場合場合によって違う。たとえば，ある場合には欠点だらけの人間でも人材である。『三国志』時代の最終的勝利者，曹操（魏の武帝）の出した命にも，欠点がいっぱいあってもいい，まず廉士であることが前提ではない，不倫をやってもカネを盗んでいてもよい，とある。(26)

　　唯だ才あれば是れ挙げよ。吾は得て之れを用いん。

「汚辱の名と，笑わるべき行いを負い，或いは不仁不孝なりとも，而かも治国用兵の術有る者」でも，彼には人材なのである。
『十八史略』をひもとけば，荀子のもとに学び，のちに始皇帝に仕え，革新的な政策を進めた李斯は，多様な人材を登用すべきだ，と次のように言う。

　　泰山は土壌を譲らず，ゆえに大なり。河海は細流を択ばず，ゆえに深し。

しかし，この言葉に感激して，一般化して現代の組織は誰でも受け入れよ，などと叫べば，評論家にはなれるかもしれないが，科学者と呼ぶことはできないであろう。(27)

現代において，あるいはそのうち，どの状況にあって，どういう組織で，どの職位で，どの時点で，と限定をつけていき，人材とはどういう人のことを言うのか，誰がどういう人材を選ぶのか，選ばれる人材になるにはどうすればいいのか，ふさわしい人がいないときにはどういうふうに組織が育てればいいのか，こういう応用問題を，具体例を思い浮かべながら考えることで，一般論議に流れがちな論を補わねばならない。

第 2 章
教育，学習，啓発，育成

1　学ぶ，教えるという言葉

学ぶという言葉

　組織内での人材育成とは，組織と個人の協同作業である，と第1章で説いた。組織が個人を教育すると同時に，組織が学習する。個人が組織内で学習すると同時に，組織を教育する。人材育成というと教育する側の立場ばかりで書かれていることが多いが，この学習するという側面に経営学者の関心が最近は強くなっている。あとでふれるが，経営自体が「学習組織」（learning organization）でなければならないという主張がその一つである。

　さて，では教育と学習とはどう違うか。

　中国史の碩学，宮崎市定によると，学ぶということは，もともと宗教的な行為であった。学ぶのは占いであった。占いというものも易者が勝手にきめるものではなくて，神の意思を伺うのがもとの意味である。占いの一番簡単な形は，物事を二つに分けることで，勝つか負けるか，この人事がいいか悪いか，など，何でも二つに分けて，そのどちらが神の意思に沿うものであるかを占う。偶然に取り上げた箸か棒のようなものを数えてその数が奇数ならばよいほう，偶数ならば悪いほう，というやり方から始まった。その一番簡単なやり方は，箱の中へ棒か箸のようなものをたくさん入れておく。そして任意にその中から手でつかみ出す。取り出した方か残った方かを数えて占う。中国ではあとへ残ったほうを数えたが，これを数えるために，間違いないように2本ずつ取り出して，それを×の形に並べた。そして最後に箱の中に奇数が残るか偶数が残るか，それが問題で，凶という字は箱の中に偶数（×）が残った形であり，箱の

中へ三つ残ると，奇数に決まっているので×と一とをあわて箱形にあわせて吉という漢字になるのだとか。爻という字は占いの本，易経の根本的な概念で，摑んだ筮の数が偶数であるか，奇数であるかを示す一つ一つのしるし。実は学問の学のもとの字，「學」という字は爻の形を中心として，その両側に右，左の両手で占いの棒を扱っている形で，その下に台がある。それを子供が下のほうから見上げている。子供が台の上で行う占いを見て覚える。これが学問の原義である。子供の代わりに「見」という字をおくと「覺」という字になり，占いのやり方を見てさとるの意味になるのだ，と。

宮崎市定の語源論を信じて言うと，学ぶというのは，自分勝手にこうだと決めるのではなく，神様がこうだとしていることを伺って知ることである。だから，学習は受け身で教育は主体的行為だと言わんばかりに教育と学習の区別をする議論があるが，自発的に，しかし勝手な想像と創造を加えずに，既存の知を摂取・模倣するのがそもそも学習である。言われた通りに覚えさせる詰め込み教育は駄目だと評論家は言うが，詰め込みが悪いのではなく，どう詰め込ませるか，どう詰め込むかの問題ではないか，と私は考える。

教えるという言葉

学習よりも教育という言葉に強制という意味が強いらしいということも，宮崎市定は教えてくれている。學という字の中の子供が頭が悪くてちっとも覚えない。すると，しっかり勉強せいと，そばからこの子供をたたく。攻めるを意味する攵を旁としてつけた字になる。手で棒などをもって子供を叩いて刺激する，これが「教」という字の元の形である，と。体罰は今ではいけないことになっている。したがって，いまや教師は教えてはいない，のである。体罰を復活させろと言うのではないが，人材を育成しようというときに，程度の差はあれ厳しさは必要であろう。「褒めて育てろ」とか「上司はエンターテイナーになれ」という議論がある。こういう一般原則の確立で済むなら，たぶん，現場での人材育成はよほど簡単に済んでしまっていることだろう。どういう場合にどの程度の甘さと厳しさで望むべきかという応用問題への回答は，教室での原則を頭で仕入れる（学ぶ）よりも遙かに熟達を要することであろう。

2 育てる，習う，自己啓発

育てる，習うという言葉

「育」という漢字は，漢字学の碩学，白川静によると，上の部分は，子供が生まれ落ちる時の姿，子を逆さまにした姿であり，下の部分は，神様に捧げる肉，子供が生まれたのを感謝することだ，という[29]。

この言葉の訓，はぐくむ，は，親鳥が雛を羽でくるむように大切にすることが語源であるから，人材育成とは，愛情を持って人の発達を守ることである。

学習の「習」も，やはり白川静によると，字の下の部分は，幸せを祈る言葉を入れる器である。羽は，その器の上を羽で何度もこすり，その言葉が実現するように刺激することを意味するためにつけられたという。やがて，習とは，あることを何度も繰り返して祈りが成就するようにすることの意味になる。繰り返しばかりで創造性がない，とけなさないで，何度も何度も同じことを繰り返す，それで初めて熟達することはしばしばある。本人の好き嫌いを優先させてはいけないのである。

> おそらくあらゆる教育の最も価値大きい結果は，やらねばならぬ仕事をやらねばならぬ時に，好き嫌いにかかわらずやる能力である。それを最初に学ばねばならぬ。教育が何歳から始まろうと，それをちゃんと学び終えるのは最後になろうとも。　　　　　──トマス・ハクスレイ

『論語』の，学びて時にこれを習う，また楽しからずや，という言葉も，「ゆとり教育」時代にあって古文，漢文を教えられなくともよくなった現代の日本の若者には，死語である。儀礼の私塾であった孔子教団で，学ぶとは，冠婚葬祭のルールを学ぶことであり，時々，師弟一同，うちそろって演技をやって楽しむ。これが習うであり，練習会であろう。ふだんの練習なしに本番はない。組織での練習なしに，学校で経営技法を学んですぐ応用しようとするMBA[30]が多いアメリカなんぞ，底が浅い国である。

練習が厳しい方がいいか，また甘い方がいいか，また量や時期，となると，

またこれも応用問題である。『詩』（詩経）に「習習」と谷風が吹くという詩句がある。これは本来の義の，鳥の羽ばたき，羽でなでるがごとく，そよ風の様子が示されている。埼玉の，ある中小企業の社長は，自分の会社は「サンド・ペーパー・カンパニー」だと言っている。この言葉に，人材育成に力を入れていきたいという社長の心意気が示されている。どういう意味か，おわかりだろうか。「サンド・ペーパー」の義は，人を磨くという意味である。磨いて磨いて磨き抜く人材育成企業になりたいという意味である。しかし粗目のサンド・ペーパーを使うか，細かい目のものか，痛めつけるぐらいに磨くか，やさしく磨くか，これまた応用問題である。

磨いて錆が落ちて地が出て光り始めるように，磨かれなければ人材と見分けられぬ場合もある。

　　教育を受けぬ天分は，鉱脈に埋もれたままの銀のようなもの。
　　　　　　　　　　　　　　　　——ベンジャミン・フランクリン

啓発という言葉

隠された財が発見され，それが活用されて成長に資するようにする，それを開発と呼ぶ。人材育成は，また人的資源開発（human resource development）でもある。開発は人の知識について言われる場合，啓発という言葉におきかえてもよい。

啓発の語源も孔子の言葉にある。「憤せずんば啓せず，悱せずんば発せず」。すなわち，弟子が悩んで胸が張り裂けそうになるまではその蒙（暗いこと，無知）を啓くこと（明るくすること，知識を与えること）はしない。本人が言いたいことをどう言っていいのかわからず，悩んで苦しみぬくまでは，その言葉を発して（言って）やらない，という意味である。簡単には教えない，ということである。教わる前に自分で考えなさい，考え抜きなさい，勉強しなさい，勉強し抜くことを前提に教わりに行きなさい，と喩したのである。啓発される前に，自己啓発をしなさい，という含意がもともとあることがわかる。

日本の企業や政府は，しばしば自己啓発への援助をし，社員や広く国民もそれを要求するが，それは援助がなければ自己啓発をしないという姿勢の醸成に

つながりはしまいか，と私は危惧する。志の高い人々は，古来，自己啓発に熱心であった。

　　自己啓発は，自己犠牲よりも重要な義務であります。　——エリザベス・キャディ・スタントン（アメリカの女性参政権運動の指導者）

　人材育成は，組織の仕事であると同時に，組織に生きようとする者の自己啓発の成果でもある。

　　この宇宙には，あなたが必ず改善できるところが一つだけある，それはあなた自身だ。　　　　　　　　　　　——オルダス・ハックスレイ

3　生涯学習時代の個人と組織

無知の自覚

　自分の中にある資源に気づき，それを有効利用する，これを開発だと上に書いた。しかし，よくよく学び考えてみれば，資源など自分のうちにはないということがわかることがある。[34]

　　教育とは，自分自身の無知がしだいに発見されていくことである。
　　　　　　　　　　　　　　　　　　　　——ウイル・デュラン

　人材育成に力を入れている組織は，自分の人材不足をしだいに自覚するようになるだろう。それは，さしあたり，いいことである。人材がいると思い，自分には潜在能力は大きいと思いこんで，学習を忘れる個人も組織も，権力で保護されているか税金をつぎ込まれているかの特殊事情がなければ，つぶれる。
　リエンジニアリング（組織の作り直し）を唱導したマイケル・ハマーの言葉に[35]，こういうものがある。

私は，多くの会社で実地見聞してきたことに基づいて，実に単純明快な意見を持った。それは，「自分がちゃんとやっていると思っていると，実はもう死んでいる」ということである。

　カエルを熱湯一杯のビーカー（実験用のガラス製コップ）に放り込んでも，生存率は100％であるらしい。これは，大発見である。カエルの皮膚には熱に急に触れると，熱を伝えない性質に急激に変化する細胞が多く含まれていることになる……これを防火服や防火壁，その他の耐熱設備構造に応用すれば，市場が広い……と思いきや，実は，カエルは熱湯に放り込まれるや，「熱い！」とばかりピョンと跳ねて，ビーカーの外へ飛び出すので生きているのだとか。今度は別の実験をしてみる。カエルを，たっぷりと水の入ったビーカーに放り込み，その下にアルコール・ランプを置いて，ゆっくりと煮る。だんだんと水が温水に変わり，湯に変わっていく。ところが，変温動物のカエルは，それに対して適応し，ぬるま湯の中で，"氷が溶けて春がきた"とでも唸っている間に，いざ，熱湯になった時には，その神経が麻痺して動けなくなっており，そのまま，ゆでガエルになってしまうのだとか。
　組織の環境対応も，こういうようなものである。急激な変化が来ると，大変だ，熱い，ギャッと大騒ぎして行動を起こすから，状況の外へ逃げる力も出ることがある。ところが変化が確実にある方向にあるのに，穏やかな変化であると，なんとなくそれに慣れ，いわば"ぬるま湯につかったカエル"のようになり，いざ事態が深刻になった時には，もう対応する力が失われている，などということがある。

　忘却の必要性
　ぬるま湯の中のカエルのようになってはいけない。そこで，かつて学んだことで十分だとは考えないこと。それが個人にとっての生涯学習の必要性の自覚である。繁栄期に知っていたことで十分と考えないこと，それが組織にとっての永続学習の必要性の自覚である。
　ある社長が部下たちに向かって言ったことがある。「私は36年間，この事業をやってきた。そして多くのことを学んできた。そのほとんどが，今や，なん

の役にも立たない」。この自覚があるだけ，立派な社長であるといえるかもしれない。激しい変化の時代には，その変化に対応できるためには，過去を忘却することが必要だと，ここ10年来，多くの経営学者が発言してきている。ピーターズは言う⁽³⁷⁾，1994-97年の間に経営学で話題になった言葉は，「組織ぐるみの学習」（organizational learning）である。これは，いい考えだ。1998年，学習よりももっと重要な言葉がある。それは「組織ぐるみの忘却」（organizational forsetting）である。これは，もっといい考えだ，と。

　21世紀の無学者とは，読み書きができない者のことではない。学び，学んだことを棄て，さらに学び直すことができない者であろう。
　　　　　　　　　　　　　　　　　　　　——アービン・トフラー

　君は，未熟で，だからこそ成長しているのだろうか。それとも，君は円熟してしまい，だからこそ腐りつつあるのだろうか。——レイ・クロック

第 3 章
疑問の習慣

1 大企業病，大国病の兆候を疑う

大企業ほど人材育成が巧いか

現代の人材育成の一つの趨勢は，自己啓発の力・習慣を持った人材を育成することである。誰かが誰かを教える教育，訓練制度から，自分で学び習う習慣を持った人々によるチームワーク＝自律共同体（self-managed team）への，人材育成の母体の移動である。それは制度が整った大企業ほど人材育成が進んでいるという偏見への反省でもある。

人材育成に優れた企業といえば大企業，とすぐ考えてしまわないだろうか。先進国には人材が集まる，とすぐ考えてしまわないだろうか。大企業だから人材育成がうまいのではなく，人材育成がうまい企業が強くなるのだ[38]。だが強い企業は規模をひたすら大きくするとは限らない。先進国だから人材が育つのではなく，人材が育つので国力は伸びる。が，伸びた国力の使い方を過って先進国病に陥る国が多いとすれば，育成されたと思いこんだ人材の質を問い直すべきであろう。考えるべきこと，疑うべきことは多い。いや，健全に問い直す，疑う習慣を育てることが人材育成の目的の一つである。

たとえば，これから伸びる産業，という議論がすぐマスコミをにぎわす。これから育てるべき産業，という議論がすぐ政府や自治体の税金の使い道を決める。そう簡単に結論に飛びついていいだろうか。つい最近までIT革命とか情報技術の時代とか言われた。そういう時代，なるほどと疑わずに信じて，諸君は就職情報誌などの広告宣伝につられ，コンピュータ関係の有名大企業に入れば，あとのキャリアにはもう心配はなく，大丈夫だっただろうか。

大企業であればよかったか。いまでも世界有数の優れた企業だとはいえ，かつてはカジノの賭札の最高のコインを意味する「ブルーチップス」にたとえられたIBMは，パソコンでアップルに攻められ，ソフトウエアでマイクロソフトに攻められ，プロセッサーでインテルに攻められ，周辺機器でキャノンに攻められて，結局何万人も人を減らした。第2位だったDECは，もうない。

モノ作りに長けた日本の大企業だとよかったか。普及品市場はおろか，ラップトップでもシェアを失いつつある。11社もがそれぞれ何百億円かけて巨額の投資をした半導体工場は，つぎつぎに閉鎖の憂き目をみた。

ソフトウエアだと強いだろうか。ワン・ツー・スリーで一世を風靡したロータスはIBMに買収された。それこそ，1, 2, 3と数えるぐらいの早さで。

革新性や設計力があるといいだろうか。LSIロジックやサイプレス半導体も損失を出している。ソニーだって順調だとは言い切れない。

工場なきメーカー，ハードなき企業だといいだろうか。その路線を歩んで有名なMIPSでも経営は悪化し，買収されてようやくその面目を保った。

政府に保護されていると大丈夫か。手厚く保護されていたヨーロッパのコンピュータ屋はさんたんたる有様だ。

どういう企業が人材育成を自分にしてくれるか。過去からの教訓はこうだ。こういう会社だったら大丈夫だと簡単に思いこまない，これである。

　　成長が止まった人生が一番，駄目な人生だ。——オスカー・ワイルド

野性の復権

「大企業病」に陥らないために，野鴨のたとえ話を出して社員を育成したのは，IBMを世界トップクラスの企業にしたトーマス・ワトソン・ジュニアである[39]。哲学者キルケゴールの書からきている。ある海岸に住む人が，毎年秋，大きな群れをつくって南方に飛び去る野鴨を眺めていた。この人はたいへん温情ある人で，野鴨にエサをやることにした。しばらくすると，幾羽かの鴨が南方へ飛び去らなくなった。エサを頼りにして越冬するようになったのである。だんだん飛ぶことも少なくなってきた。飛び回らなくてもエサはもらえるのである。野鴨が南から帰ってくるとき，残っていた鴨たちは，迎えて空を旋回するのだ

が，すぐにエサ場に舞いもどる。3, 4年ののちには，この鴨たちはすっかりだらしなくなり，飛ぶことさえむずかしいほど太ってしまった。野鴨を馴らすことはできよう，しかし馴らした鴨を野性に戻すことはできないとキルケゴールは言う。野性を失った，馴らされた鴨はどこへも飛んでゆくことはできない。ビジネスには野鴨が必要なのである。そしてIBMでは野鴨を馴らそうとはけっしてしない，と。

組織が安逸になっているとき，それは次のような症状を呈する。[40]

- 誰もが暗黙のうちに雇用保障を受けている。
- 人事考課が業績には何の影響も与えていない。
- 先例が重視される。
- 組織内の政治，手続き，規則に忙殺されている人が多い。
- 書類業務が多すぎる。
- 会議はすべて上司の意見待ち。
- 報酬制度と実際の業務とが何の関連もない。
- 会議が延々と続くが，決定に関するフォローはない。
- 委員会には何の権限も与えられていない
- 報酬制度で現状維持者（fine-tuners）が高く評価され，革新者が低く評価される。
- 許される行動は上から指示される。
- 権限委譲が口にされるが，実際には行われない。
- 誰もがミスをしないようにするためにだけ，管理階層がたくさん，つけくわえられている。
- 誰も波風を立てない。

このような組織でも人は育成されている。しかし，それは飛躍への力となる人材の育成ではない。

まさかあの会社がつぶれるなんてと皆がびっくりした会社を一つ調べよ。なぜつぶれる羽目に陥ったか，考えてみよ。

2 中小企業の人材育成

起業家たちの革新的行動

　人材育成論というと，大企業にしか整っていないと思われるような公式の制度，技法，設備，スタッフについて，あれこれと議論，紹介するものが多い。しかし，上の節でみたように，大企業が，それらの充実に溺れ，投資に比する成果を産まぬこともあるとすれば，逆にいえば，制度，技法，設備，スタッフがそろっていない中小企業でも，人材育成はちゃんとできている場合があろう。[41]

　大企業や官公庁の人は，中小企業の人材育成が遅れている，未整備だ，と言いたがる。何を見ているかと言えば，豪華な建物や，特別の予算や，制度や体系を長々と書いた文書を見ているのである。現場の人の動きが見えず，言葉が聞こえない。[42] 豪華絢爛たる研修センターが売りに出され，教育スタッフが業界事情，企業事情などろくに知らぬ派遣社員に置き換えられていき，教育予算が切りつめられる。そんな大企業には人材の教育が実はできていなかったのではないかと思うのは，優れた中小企業の社長に会うことがあるからである。

　例えば，私は，「高いところからじっとみておれば，わかる」という言葉を，岡山県倉敷の（株）ショーエイの下原社長から聞いた。「高いところ」とは，社長の企業が200台以上持っている車の，しかも超大型トレーラーの，運転台という意味である。が，これは比喩である。世間が「軽薄短小」と言っていた時代に，あえて「重厚長大」なる荷物を運ばんとして，大型トレーラーを買い集め，大型構造物を運ぶにはなくてはならぬ会社になった社長の言葉であるから，重みがある。世間がバブル経済で酔いしれ，株だ土地だと騒いでいたころに，それらに手を出さず，10年，堅実路線を歩み，世間がバブル崩壊だと沈んでいる最中に，タクシー業界，運転代行業界に飛び込んで，売上げをどんどんと上げている。下原社長の会社には，豪華な教育研修センターだの，社員教育体系図だの，専任スタッフだのはない。社員教育は，社長が，いつでも，どこでも，裏表なく，客を大事にしろ，長くいる社員は知恵を出せ，と口を酸っぱくして語り続けることで，成り立っている。

　新潟県亀田市の（株）大谷。ハンコ屋で100店舗以上を展開している。早晩，

200店舗を目指す。大手小売業が次々と店を閉める中で，昔ながらのハンコ屋が，雇用を伸ばし，社会に貢献している。工場では多数の，障害を持った人に生きがい，働きがいを提供し，労働大臣表彰など，表彰状には事欠かない。しかし，社員にとって最大の表彰状は社長が配る，名刺大の表彰状である。機会を見ては，社員のいいところを見つけ，良いことをやっているところを探し，その表彰状を配るのである。それだけか。いや，社員の普段の姿を知らなければ社員を褒められない。社員が450人，現場を100以上持っていると，社員一人一人から社長が疎遠になる。ことあるごとに社長は現場に電話をし，すべての店舗を年に1度回ってきた。さらに社員一人一人の声を聞きたいと，ボイスメイルシステムを導入したが，それは社員の誰もが聞ける。内容は，あそこでこういういいことをした，ここでこういういいことをした，といったプラス発想のものばかりである。社員どうしを褒めさせて，それを集大成し，社員全員，一人一人のいいところだけを列挙して「ニコニコ手帳」を作成，社員に配布している。人材育成技法というと，最新のものをアメリカから輸入し，それも意味が半ばわからないせいか，翻訳できずに音を真似てカタカナで言ったり書いたりし，3年ごとに新しい技法を導入しないと遅れているかのように騒ぐ。そうした生き方は，大谷社長には無縁である。ほめて育てる，いいところをお互いに真似をする，改善は永遠のテーマ――それで人が育つのである。育った証拠の一つは，大型店に出店した大谷の店を訪れた極秘の顧客サービス調査員が，最高点をつけているという事実にある。

企業規模を弁解の理由とせず

　山形県山形市の（株）マイスター。オイルショックの時代に勤めていた会社の仕事がなくなり，給与をいただくのが悪いと潔く辞めてしまった生産管理担当者が作った，切削工具研磨専門会社である。研磨は職人が自分でやるもの，それが常識であった現場を回って，いかに専門屋が経験と知識を蓄積しているかを説得するのに苦労をしてきた。が，逆にいえば，経験と知識の蓄積を怠らなかったのである。他社からリストラされた職人だけでなく，若い女性社員に徹底的に知識と技法を教え，一人一人が何をやってきたか，どれだけやれるか，何をどう学んできたか，どういう講習を社内外で受けてきたか，多くの表に詳

しく記入し，それを見ながらまた，一人一人の育成を考えている。おそらく大企業でも能力管理がよほど厳しい現場でしか見ないほどの徹底ぶりである。零細企業では丹念な能力管理ができない，ある程度の規模がないとできない，と思いがちである。実は話は逆なのかもしれない。丹念な能力管理をやるから顧客に信頼される製品を届けることができ，加工ができ，規模が大きくなっていくのだ（必ずしも規模拡大は企業目的ではないが）。社長にやる気がないという事実を，零細企業だからできない，という理屈で覆いかくしてはいけないのである。

　私は年に数十もの中小企業を訪問してきた（大企業にはあまり相手にされていないというのが実情）。人材がいない，と俗論でしばしば言われる中小企業のなかに，たくさんのすばらしい人材がいることは，すぐにわかる。もちろん，全部優れているなどとは言わない。全部優れていたら，人材で企業間競争は成り立たないということになる。まさに企業間に人材育成の違いがあるからこそ，競争に勝ったり負けたりする一因にこれがなるのである。その人材育成の大部分は日々の行動で決まる，と私は考えている。年に一度や二度の集合研修だの，そんなものでは決まらない。現場百数十日の積み上げは大きい。思い出すのは，島根電工（株）である。創業者はもと学校の先生であった。ゆえに企業は学校である，という信念を貫いている。学校も毎日毎日，毎時間毎時間の授業の積み重ねで人を育てる。夏休み，土日だけの即効授業でも受験技術には長（た）けるようになるかもしれないが，人が育った，とは言えまい。

　教育係，訓練課，人材開発部がないと人材育成はできず，その水準も低くなるなどと馬鹿なことを考えてはいけない。経営戦略の立案と遂行は人材育成であり，研究開発と製品改良は人材育成であり，顧客開拓と訪問営業は人材育成であり，給与計算と費用節約は人材育成であり，納品と受け入れは人材育成である。この本は，その精神を貫いて書いているつもりである。

3　異端児，天の邪鬼，マージナルマンの大切さ

過剰同調からの脱出

　ヘンリー・フォードが，ある顧客を彼の大自動車工場に案内したところ，顧

客が驚いて言った，「何もなかったあなたが，これだけの成果をあげられるなんて！」．それに対してフォードが答えた，「何もなかった，という言い方は正確ではありませんな．われわれはみな，手元に何かをもって始めるのです．成果をあげられるかどうかは，その手元にあるものの使い方しだいです」⁽⁴³⁾．

人材育成にも，いつもユニークなやりかた，手法が実験されている．別に徒手空拳で始めているわけではない．手元にある何かに別の見方ができるか，別の使い方を発見できるか，しだいなのである．人もそうで，別の見方，別の使い方を発見できれば，育成しようという気持ちが生まれ，育成の方法が発見できるであろう．

しかし，人材育成の技法を発達させてきた組織の時代には，しばしば，疑問を持たぬ者を育ててきた．その例を以下に示したい．

〈事例〉　ナチス・ドイツ軍をサハラ砂漠から追い出したアメリカのパットン将軍は，士官学校の生徒の中から副官を任命しようと思い，士官学校に出かけて行った．そして，卒業予定生に対して「庭に穴を掘れ」と言ったまま，彼らを置き去りにし，校舎に戻り，校舎の窓から卒業予定者の行動をじっと見ていた．卒業予定者たちは，ぶつぶつ言い始めた．パットン将軍の意図を推量して論争する者もおり，こういう仕事は工兵に任せればよいと言う者もいた．ところが，ただ一人だけが，黙ってスコップを手にして穴を掘っていた．パットン将軍が副官にしたのはその彼である．
〈評言〉　ただし私は，疑念を発して論を興す者が常に人材であると言うものではない．根本的に考え直すことが重要だと言いつつ腕組みばかりして，目の前の業務をさぼり抜く人は世に多いもので，それはしばしば厄介者である．場合場合である．

大勢に過剰に同調していたり，安心しきって本流にいたりすれば，異端児，天の邪鬼（あまじゃく），マージナルマンが発する「それでいいのか」という疑問の声は聞こえない．

疑問は学習の始まりである．すべての疑問が正しいとは言えないのは，すべての反逆者が正義の徒とは限らないのと同じであるが．疑問を持てる人材を育

てる，これも人材育成の課題の一つである。

　この世の中にあなたが提供できる一番いいものとは，あなた自身なのです。他人の真似をする必要はありません。他人の真似をすれば，二番煎じになります。成功するってことは，一番目だってことです。それはたった一人しかいない自分であるということです。
　（高校卒業後，テキサス工科大学に進んで建築家になろうとしたが）私はやめて歌手になることにしました。正しい選択だと言ってくれた人はいませんでした。皆が私は間違ったと言いました。しかし私の心の中には，私は歌手になるために生まれてきたんだ，という信念がありました。歌うことが，一番，楽しいことだったんです。重要なことは，あなたの心の中にあるものなのです。本当はしたくないことは，してはいけません。自分の声に耳を傾けなさい。何が正しいことか，自分で，いつも，わかるはずです。心の声を聞きなさい。それが一人の人間として成功する方法なのです。自分であるということを恐れてはいけません。それはそんなに難しいことじゃないんです。
　　　──ジョン・デンバー（アメリカの歌手，母校の高校での講演）[44]

経営の現場の疑問への新しい回答

　疑問を持て，などと抽象的，一般的に言っても，効果は出ない。経営組織の中では，優れた経営者や起業家，イノベーターが直面して回答を出してきた疑問を挙げてみて，答えさせてみることが，疑問を持つ訓練にふさわしいのかもしれない。そこで，ここで読者に以下のクイズに挑戦していただく（しかも，答をどこかに用意すれば，答を先に見て覚えるという受験の習慣が再生しかねないので，答は書いていない。答を探して図書館に出かけたり事典を見たりインターネットを検索する，それ自体が，人材育成の技法探求への入門の一部なのである）。

> 問1　サムエル・ラングレーは，ライト兄弟より早く飛行機を作った。けれども，ライト兄弟の方が飛行機の発明家として今日まで名を残している。なぜであろうか。

問2　1900年，イーストマン・コダック社は，安くて使いやすいカメラを発売した。その広告は，子供をターゲットにした。「どんな学童でも，イーストマン・コダック社のブローニー・カメラを一台持っていれば，立派な写真がとれます」。以前から，小さな箱形カメラはすでに市場で発売されていた。しかしビレットというカメラは6ドルし，バックアイというカメラは10ドルしていた。が，ブローニーは，なんと1ドルだった。なぜ，コダック社は，カメラを安くできたか。

問3　1904年，アメリカ人のトーマス・サリバンは，アメリカ人はイギリス人のように長々と休憩時間をとってお茶を楽しむ，のんびりした国民ではないことがわかった。そこで彼は，何を発明したか。

問4　イリノイ州シカゴのハーレイ・マシン社は1907年，電気洗濯機を発売した。しかし電気洗濯機の市場はなかなか大きくならず，ようやく1930年代になって成長軌道に乗った。なぜ，電気洗濯機はなかなか売れなかったか。

問5　1908年，ヘンリー・フォードはT型フォードを発売する。最初は850ドル。1923年には290ドルにまでなっていた。1908年から1927年までに1580万台が売れた。しかしフォードは，ガソリン・タンクをフロントシートの下に置くことにこだわった。T型が黒ばっかりだったということもあるが，このデザインのおかげでも売れ行きは止まった。なぜか。

問6　トーマス・エジソンが初めて映画に音をつけた。ただしそれは（円筒アナログレコード式）録音機を使うもので，絵と音がしばしば，ずれた。アイオワ州生まれのリー・ド・フォレストがフィルム自身に直接音を記録するサウンド・トラックをつける方式を開発したのが1923年。しかし，当初，映画会社はその発明に抵抗した。その理由はコストが高くなることが一つだが，もう一つの理由は。

問7　画家のマルク・シャガールはどんな少額の買い物（例えば，歯磨き，タバコ）でも必ず小切手でした。それはなぜか。

実は，ある中堅企業では，月に1回，社長が以上のような問題をどこかしらかの本で見つけてきては社員に出題しているのである。また社長は，テレビ

のクイズ番組を見ることを社員に奨励している。問を出された時に考えることの訓練は，楽しくやった方がよい，それは現場で出てくる問に対しても考える力をつけるのだと。ただ，社長は，次の段階では出題力そのものを社員に身につけさせたい，と私に言った。「できあいの問題の解決だけなら，いまやインターネットで事典や辞書を調べられますからねえ。しかし，電子辞書は疑問を持つことは必ずしも教えてくれないんです。この疑問を持つ力が，経営を革新する力になるんです」と。社長のこの言葉は，画家パブロ・ピカソの言葉と奇しくも同じである――「コンピュータは役に立たない。答を出すことしかできないんだから」。

　人材育成は人をコンピュータにすることではない。人にしかできぬ力を育てることである。

第 *4* 章
組織経営と人材育成

1　マネジメントや経営という言葉の語源と人材育成

マネジメントという言葉

　組織の経営にとってどういう人材を育成することが必要か，またどういう人材に自分がならねばならないか。それを考えるには，経営ということを，よくよく理解することが必要となる。
　manage（経営する，管理する）という動詞が英語に現われたのは 16 世紀である[(46)]。しかも 18 世紀まで，多くの場合，menage と綴られた。この綴りの方が，もともとの意味を伝えている。menage が変形した manage という英語は，「馬を扱う所」「乗馬学校」を意味する名詞で，今日でもその意味で使われているからである。manage の古くからの意味には，なにかを司る（conduct），誰かを制御する（control）の他に「馬を扱う」という意味があった。この，「馬を扱う」が馬だけでなく，一般にものをうまくあしらうという意味になったのは 18 世紀。そのころには manage が常態になる。漢字の「司馬」（馬を扱う副官，参謀，将軍）の「司」に当たるのが経営（management）である。
　ところが management には，管理とも訳されるように，日常業務にかかわって細々としたやりとりを指図し，人を日々動かしていくという意味もある。組織の上に立つ者が組織を司る management に比べると，劣った業務とみなされがちである。しかし，たとえば社員 1 万人の企業の役員が経営戦略立案に携わっていることも management なら，その企業のある店舗で社員 10 人の日々の業務指揮も management という英語で表現される。後者のような意味は，「節約しながら上手に使う」という意味のフランス語（menager）の派生の menage が，

17世紀に，上の語源とは別に英語に取り込まれて，「家事のきりもり」の意味で使われるようになった流れに立つ。

だが，経営にせよ管理にせよ，人をうまく動かすためには人材育成が大切で，それは組織のトップ層の仕事でもあり，現場の直属の上司の仕事でもある。組織のすべての階層の仕事それ自体に人材育成が含まれる，と考えていけばよい。

経営という言葉

漢字の経営は，「縦糸」（経）を上手に揃えることが語源のようである。経緯という言葉は縦糸と横糸とを意味する。生地を上手に織り上げていく職人の技を考えれば，経営という言葉の一つのイメージがつかめるであろう。

営（營）という漢字は，陣地，城，屋敷などを造ることや，その陣地。大本営というと軍隊の本拠地である。しかし経も，営と同じ意味で使われていることがある。これは都城設計には測量がつきもので，南北を糸ではっきりさせるところからの比喩であろう。営はやがて，ものを作ったり手に入れたりそろえたりする行為，さらに生活行動一般にまで意味が拡大する。唐の時代の詩にもある。[47]

　　　出門皆有営　　　門を出でては皆営むこと有り　　——韋応物「幽居」

明治時代，「経営」は日本でも主宰，統括，支配などの意味で使われるが，この語源からすると，部下の指揮管理というよりは，より広遠にわたる，一国一城，ある領域全体の確立，防衛，戦略立案，組織設計，制度確立，利益確保などの意味が経営にはあるということになる。

経営にとって人材育成は，個々の経営者・管理者が部下を使いやすくするということを超えて，組織の生存・成長にとって最も重要な要素を確立するという意味がある。

「経営」は軍事と関連のある言葉であったが，軍事は，もっとも古くから組織を発達させてきたものであり，また組織内の人材育成が重要なところでもあった。

ゲルマン人の間でも，だれがもっとも多くの，かつもっとも精鋭の従者を得ているかは，長老たちが烈しく競争するところであった。それは平和には誇りとなり，戦場では防衛となるからである。それが長老たちの権威となり，力となる。　　　——タキトゥス『ゲルマーニア』より（要旨）[48]

と，古代の戦記に書かれるほどであるから，人材育成の理論や実務上の知恵は別段，現代になって経営学を名乗るようになってからの書物に頼るべきだということにはならないだろう。

2　「組織の時代」以前の経営における人材育成

　国などの領域の支配と違い，ものづくりや販売，サービスの事業とは，長く，一人あるいは少数の者が，自分（たち）だけでやるか，ほんの少数の者を支配，統制することであった。経営の学は確立せず，カンやコツに頼り，理論化の程度は低く，あっても口頭伝承が基本で，文書化・客観化・共有化はされず，されてもごく一部で，批判的な検証はされなかった。
　事業間の競争が大きくなければ，経営の能率にも関心は集まらなかった。競争による市場創造への余地が少なければ，利益心も刺激せず，組織だった向上心の動員（モチベーション）は体系だって行われなかった。
　しかし，そういう時代が長く続くなかでも，そこで培われてきた知恵には，現代の経営学の知識に比べて，まさるとも劣らないところがたくさんある。また，経営学の知恵は，必ずしも，組織経営活動の中から生まれてきたわけではない。いまでも時には「職人の知恵」を見直せとか，「一人親方の意気」を再生させろという議論がされるが，根拠なき復古のみとむげには切り捨てられない。個人事業家たちは自分で自分を育成せざるをえなかったのであり，そうでない者は没落したのである。
　大勢を育てるためには書物を用いなければならないとしても，だからといってその書，または経営学書でしか，さらには大学や社内の教育機関による人材育成でしか，優れた人材が育たないということではない。組織の時代以前にも

自分の頭で考えぬいてちゃんと育った人々がいた。それを知るためにも，以下の問を出す。

問1　シアーズ・ローバックは，通信販売（カタログ販売）の会社として戦前アメリカ一有名であった。しかし当初は，大変有名な競争相手がいた。シアーズ・ローバックは，自社のカログを競争相手のカタログより小さくすることで，家庭の主婦の間に客を増やした。なぜカタログを小さくするとよかったのか。

問2　マクドナルドを創業したのはマクドナルド兄弟であるが，実質的に大きなチェーン展開をさせた創業者と言えるのはレイ・ケロックであった。彼が食堂向けの攪拌機の会社のセールスマンであったある時，遠く離れたカルフォルニアのマクドナルド兄弟から数台の攪拌機の注文を受けた。あなたがその時のケロックであったならどうするだろうか。

問3　昔，自動車が町に出始めたころ，馬車業者などの抵抗にあったり，町中を速く走ると危険だという主張があったりして，自動車の速度は，10キロ，20キロなどに制限されていた。そこで，自動車メーカーのカール・ベンツは，市長を誘ってドライブに出かけた。なぜであろうか。結果はどうなったであろうか。

3　大企業組織の誕生と成長：組織だった人材育成の必要性

　組織の時代の人材育成は，個人のカンやコツに依存していた人材育成と大きく変わるようになる。

　組織は昔からあったとはいえ，近代の経営組織の急成長は多くの人々をその雇用者とし，「組織人」（Organization Man）に変えていく。近代の経営組織の典型は，行政組織とはかなりの差異のある「会社」である（もちろん，両者は官僚制としての共通の特質も持つ）。

　最初に「会社」という漢字をよく見ておこう。「社」という漢字は，もと土地の神を祭るやしろである。やがてそれを守る集団，集落も社と呼ばれるようになる。邦（くに）は社稷と呼ばれる。中国の元代に作られた地域末端行政組

織に「社甲制」がある。1270年，それぞれの農村は50戸を単位として「社」を作り，古老をもってその社長とすることが命じられた。「社」はもともとは農民の自治組織であったが，やがて後に治安の維持と徴税に利用され，元がこれを継承したものである。

　法人とも会社とも訳される英語 corporation の方は，2世紀に生きた言語学者テルトゥリアヌス（Quintus Septimus Florens Tertullianus）が造語したラテン語 corporationem で，部分からある一体を作り上げることを示す。15世紀の学者がこの古語を発見し，それを人為団体に適用して使った。[51]外科医の団体が the corporation of surgeons などと言われるようになったのである。17世紀になってから，イングランドの法律で，そのような団体にあたかも個人であるかのように行動する権利を認めた（法人との訳語が適切であるゆえんである）。corporation は，チャーター（charter，定款，憲章，勅許）によって作られ，個々の参加者の死後も存続することができる人工の人格（法人）となったのである。[52]

　人材育成ともこれは関係がある。個人を超えて存続する組織に忠誠を誓い，組織にそのノウハウを進んで移転して共有しようとする成員を組織が育てようとする，そういう「組織主導の人材育成の時代」が始まったのである。[53]

　やはり会社と訳されるカンパニーの語源は，[54]ラテン語の con（一緒に）＋ panis（パン）＝一緒にパンを食べる，である。「同じ釜の飯を食った仲間」である。人材育成が公式の座学研修によってのみ行われるのではなく，飲食・宴をともにし，語り合い，歌い合い，怒鳴りあう中でも行われるのは当然ということになる。ラテン語からフランス語の companion（仲間）となり，やがて英語の company, companion となった。その company の日本語訳は開国時代の日本人には難しいことであった。「催合商売（もやいしょうばい）」「技術会社（さいくなかま）」といっていた時代もあった。次いで中国人が使った「公班（コンパニヤ）」「公司」を借用したこともあった。組，組合，連中，社中，仲間などの試用を経て，明治3年刊，村田文木著『西洋見聞録』に「商人会社」とある。これが，今日の「営利会社」に近い訳となる。[55]

　仲間，組といっても小さな会社ではあったが，やがて工業化が進み，大量生産の時代となり，大企業の時代になる。ビッグ・ビジネス（big business，大企業）という言葉が現われたのは1905年，フォードが大規模経営を始める頃のアメ

第4章　組織経営と人材育成　　33

リカである。20世紀後半には、就職するなら大企業と言われるほどの社会的威信を持つようになったが、大企業は当初、あまりにも権力を持ちすぎだと疑いの目でしばしば見られた。[56] 1920年代と1930年代に「大きい方がよい」という考え方がようやく支配的になった。同じ時期に、科学的管理法の提唱者テーラーの主張する「職能別マネージャー」とは対照的な、「どこでも通用する（普遍的）技能（スキル）を持っている専門家（プロフェッショナル）としての管理職」という考え方が生まれる。[57] そうした管理職（マネージャー）の人材育成の適切な方法が模索される時期でもある。

　家族経営が少数派になったのは、両大戦間（イギリス、アメリカ）、あるいは戦後（ドイツ）である。1950年代、60年代には、大企業が永続性を持ち、ますます大きくなると信じられた。その規模の大きさが産む利点（スケールメリット）ゆえに、新事業のためのベンチャーキャピタルのプールとなり、また産業社会の多くの経済活動に向いた能率の良い、高度な分業機構を、長期的な視野に立って、運営できる、と考えられがちであった。[58] 大企業の人の育て方には限界があるのではないか、起業家精神に富んだり想像力に富む人を育てるには小さな組織あるいは独立自営の個人の復権が必要ではないか、という議論が出るようになったのは、20世紀末に近くなってからのことである。「組織人の死」が言われるようになった時代までは、[59] 規模を大きくする組織において、体系だった人材育成の技法が盛んに開発されてきた。

第 5 章
仕事の組織の中での人材育成

1 仕事の場で学ぶ

OJT, Off-JT

　繰り返して言うが，人材育成の必要性や知恵は，別段，大規模組織でなくてもあり，また経営組織でなくてもあった。しかし，企業間の競争に勝ち残る必要がある経営組織での人材育成は，その必要性を自覚した多くの経営者，管理者の日々の努力で，技法上の創意工夫や，その制度への体系化や，さらに標準化や理論化が急速に進んできた。

　学ぶとか育てるとかというと，仕事と切り離された学校の独占物であるかのように考えがちだ。だが，公教育がこれほど発達するまでは，仕事の場で学び育てるというのはごく当たり前のことで，それは今でも当たり前のこととして行われているのである。

　大企業で労働者を効率的に産業訓練しようとした人々は，学校形式の講義と職場で機械を操作させたりサービスをさせながら教える方法との違いにすぐに気づいた。

　重要な区別は Off-JT と OJT との区別である。

　OJT（On-the-Job Training）とは，職場で仕事をさせながら，あるいは仕事の合間に教えるものである。On とは板前，江戸前，点前の「前」と思えばよい。眼の前にして，という意味だ。

　Off-JT（Off-the-Job Training）とは，職場を離れて行う社員教育で，座って勉強するので「座学」，あるいは「教室形式」「講義形式」などと呼ばれることがある。実はゲームとかグループワークとか，いろいろな形式で行われる場合も

あるので，Off-JT と今後も呼んでおく。

　実際は両者の中間があって，職場外での講義による勉強といっても，本社屋・事務棟さらには敷地外に出て行って勉強するのではなく，事業場の片隅を囲ったり，仕事場の近くの部屋を使って仕事の合間に短時間行い，習ったことをすぐ現場で応用してみる，といったものもある。Off-JT といっても，立派な建物や研修施設で行うとは限らないし，むしろこのようなカネと時間をかけない，OJT に近い Off-JT が増えてきている。職場のごく近くに小さな研修室・ブース・区域を作る方法とか，仕事で使うパソコンで仕事と並行してインターネットやイントラネット活用で学ぶ方法もその一つであろう。

　Off-JT，OJT それぞれに，公式化（formalization）が進んでいるものと進んでいないものがある。組織が公認し，ちゃんとした文書にされ，金銭その他の資源をちゃんと割り当てているものと，そうでないものである。フォーマルな OJT では，どういう順序で誰が何を教えるべきかという訓練の仕組みがはっきりと定式化され，組織としてもそれをちゃんと把握し，公認して行われており，責任所在がはっきりし，教科書等が使われ，時間も割り当てられ，修了が認定されることが多い。インフォーマルな OJT とは，現場で上司，先輩などが，組織の公認を求めず，自主的に，長年のカンやコツで工夫しながら思い思いに教えている場合であって，人によっては OJT の名に値しないと考える者もいる。それぐらいに公式化すべきだという論者の方が世には多いようである。が，前者の方が効果を発揮しているとは必ずしも言えないようだ。

　集団の技芸（art）としての人材育成
　OJT や Off-JT を行いながら，長い時間をかけて上司や先輩からノウハウや知識，ときに理論までが伝えられ，またときには後輩から学んだり同輩同士が学びあう，そういう学習が仕事ないし職場をともにする集団で行われていく。職業キャリアが発達するとは，しばしばそういう集団の技によるものであって，個人技だけの産ではないのである。

　普段から職場で学ぶだけでなく，できるだけ顧客に近い，もしくはその経営にとって重要な商品が作られたりサービスが行われる職場に，時折でもいいので出かけていくべきだという議論が，1980 年代ぐらいから経営学で盛んに言

われるようになった。

　イギリスでは，5月20日は「職場学習日」(The Learning at Work Day) となっているとのことである。数百の企業・団体・公共機関が参加して職場で学ぼうというキャンペーンが行われる。参加組織には，マークス＆スペンサー，英国航空などがある。現場で学ぶ精神を称揚するために，幹部社員が，最末端の仕事をやってみるということも行われる。ある郡長は消防夫をやり，別の町長は，給茶係をやる。また，他の組織の仕事も理解しようと，マイクロソフトUKの会長は教育雇用省の事務次官の仕事をする[60]。とはいえ，普段は末端職場のことを気にかけず，あるいは姿を見せたことがなく，現場で働く人々と「社会的距離」の大きい幹部社員のママゴト遊びでしかないという批判もあるようだ。

2　「現場主義」の思想

現場で学ぶ，教える，育つ

　「餅は餅屋」とは誰もが知ってることわざである。俳人・向井去来の「松の事は松に習へ，竹の事は竹に習へ」というすてきな言葉もある[61]。世界中にそういう諺はあり，英語にも "Go to the sea, if you would fish well" という言い回しがある。

　目標管理MBO（Management by Objective）という言葉が経営学の流行語になった昨今，ダジャレ好きなアメリカの経営コンサルタントはMWA（Management by Walking Around，現場を歩く管理）という言葉を開発した。そういう言葉が生まれるはるか以前から，現場主義を実践し，その姿勢でもって現場の人材育成に寄与してきた経営者・管理者たちは多かったろうと思われる。

　現場主義の実践で人を育てた例には，アメリカ最大の長距離バス会社，グレイハウンド・バス・カンパニーがある。同社が顧客調査を行ったところ，会社のイメージを悪くしている最大の要因はトイレの汚さであることがわかった。これを知って，同社のマーケティング部長は，「会社のトイレをきれいにすること」を自分の職務につけ加え，会社にある570の駅に，前触れなく訪問することに決めた。そして，訪問した部長は，現地の管理者と昼食をともにするこ

とにした，現場のトイレで！　その話は，たちまち社内に広がった。そして管理職は，部長の訪問を待たず，現場をきれいにすることに心がけ始めた。そして，トイレで自分たちが昼飯を食べている写真を，先手をとって部長あてに送り始めた，という。⁽⁶²⁾

　アメリカのカンザス州の農家を顧客とする小さな広告会社の社長は，顧客へのプレゼンテーションが始まるやいなや，かがみ込み，泥だらけの長靴を引っぱり出して，テーブルの真ん中にどんと置いた。なぜだろうか。ここで先を読まずに考えてほしい。

　彼は，顧客の前で，こう切り出したのである，「さて，みなさん。この靴こそ，わが社の事業哲学なのです。私どもは，みなさま方と一緒に，野や畑を歩きます。私どもは，みなさま方と同じくらい深く，みなさま方の事業に首をつっこみたいと思います。企画を提案する前に，みなさま方の抱えている問題をまずちゃんと理解したいと思います」。机上の空論を言うコンサルタントではなく現場で考える者であるという姿勢を示したのである。⁽⁶³⁾

　靴屋から出発し，顧客サービスの徹底で有名になった百貨店，ノードストロムの仕入係は，就業時間の50％以上を店頭で来店客と話し，販売員と話し，納入業者と会い，現場の状況を詳細に観察することを義務づけられている。ロバート・タウンゼントがレンタカー会社AVISの社長になったとき，すべての部長がカウンターに立って客と顔をつきあわせて仕事をする時間を持つことを命じた。⁽⁶⁴⁾

　ハードウエア（雑貨・荒物・金物）専門の大型小売店ホーム・デポの会長，アーサー・ブランクは，執務時間の4分の1を店先で過ごし，自ら顧客を相手にしている。⁽⁶⁵⁾マクドナルズUSAの会長，エド・レンシは，1週間に3日を店舗の監査にあてる。⁽⁶⁶⁾ホーム・ショッピング・ネットワークの経営幹部は，時折，受注電話対応に自ら従事する。⁽⁶⁷⁾ハイクラスのホテル業界のハイアットは，シニアマネージャーも顧客獲得のスキルを忘れてはならないと考えているので，それぞれ毎月5人の見込み客を訪問する。⁽⁶⁸⁾

　フォー・シーズンズの社長は，執務時間の半分を自社のホテル内で過ごしている。サービス業を報告書だけ読んで経営するのは，スコアボードだけを見つめながらテニスのゲームをやるようなものである，と彼は言う。⁽⁶⁹⁾イケアは有名

な国際的家具店。経営幹部も、毎年数週間、一般の倉庫係と同じ仕事をする伝統を作っている。

別段、アメリカの方が立派だというつもりはない。たまたま、アメリカの経営評論書には現場を歩く経営者・管理者の例が多く登場するから紹介したまでだ（ひょっとしたら、よほど珍しいから紹介されているだけかもしれない）。

経営の現場の応用問題

「自分の編み物に夢中になれ」（Stick to your knitting）とは、余計な妄想にとりつかれず、目の前の現実が提起している問題を地道に考えろ、ということである。流行の経営学や難しそうなだけの言葉を知ってわかったつもりにならず、現場で使われている「普通の言葉」で考えることが大切だということである。人材育成というと、教室で、本を読ませたり先生の講義を聴かせて教えることと考えがちだが、現場の問題に取り組もうとする優れた経営者や管理者、先輩の姿、言動そのものが周りの人々の育成の材料となっているのである。

コネチカット州にある、面積あたり売上高世界トップクラスのスーパーマーケット、スチュー・レオナーズの創業者の息子、スチュー・レオナード・ジュニアや他のマネージャーが、ある有名なコンサルタントと会うことになった。たまたま、創業者のスチュー・レオナード・シニアが、その場に居合わせることができなかったので、会議の直前に息子は父親に電話をした。「何を議題としておくべきか」という息子の問に対して、父親はこう答えた、「昨日、トウモロコシを買って晩に食べたんだが、まずかったよ！」。息子は驚いて、聞き直した、「お父さん、何か大事な話はないのかい」。これに対する父親の返事は、「そうだなあ。昨日買ったトウモロコシは、本当にうまくないってことだな」。起業家が息子に何を教えたか、わかるだろうか。

仕事が当面する具体的な課題と格闘する。難しい言葉で言えば、事上錬磨（王陽明）である。そういう姿勢を養う、これもまた人材育成論の課題である。では、どういう育成法をとればよいか。ちまたで流行の問題解決能力訓練をやればよいか。そういう本を手元におくのも一つの手である。だが、実際には訓練を積んだ専門家によってしか問題が解決されないわけでもないところが、現実の面白いところである。

30年以上前に，アメリカ航空宇宙局NASAは，宇宙飛行士が使用するボールペンが重力ゼロの宇宙空間の中でインキを漏らすことがないようにするために，研究開発に100万ドルを投入した。のちに，そのハイテクボールペンはノベルティとして一般に売られるほどになった。一方，ロシアは，この問題をどう解決しただろうか。宇宙飛行士に鉛筆を持たせたのである。(73)

3 失敗が人を育てる，疑いが人を育てる，実験が人を育てる

試行錯誤で学ぶ

「自分が未熟なうちは，君は成長しているんだ。自分が熟してしまえば，君は腐りつつあるのだ」。先に示しておいたが，マクドナルドの事実上の創業者，レイ・クロックの言葉である。

この節も，経営や事業の現場での問題との格闘に関わる質問から始めよう。実際の経営史は失敗の歴史でもあるからである。書かれた経営史，とりわけ，経営ジャーナリストが経営者に取り入らんとして書いた経営史や，会社のお手盛りの社史には，ほとんどそれは書かれていない。大事なことはむしろ書かれていないのが普通である。

> 問1　アメリカのザ・アイデアル・トイ社（「理想のおもちゃ社」）は，おもちゃ産業の有力企業の一つだった。1957年，会長がイスラエルを訪問したとき，ピンとくるものがあって，キリストの赤ちゃん時代をかたどった人形，ベイビー・キリストを売り出すことにした。多数の信者を持つキリスト教徒なら，こどものために必ず買うはずではないか。このアイデアが失敗した理由は何だろうか。
>
> 問2　ユナイテッド航空は，あるときビジネスクラスの顧客に「奥様同伴無料」キャンペーンを行って，たくさんの参加を得た。機嫌をよくした会社は，顧客を囲い込もうと，それぞれの顧客の自宅に感謝状を送った。ところがこのアイデアが失敗した。理由は何だろうか。
>
> 問3　以下の商品は，すべて失敗作であった。①4チャンネルステレオ

（Quadrophonics）。1970年代初期に華々しく宣伝された。衰滅の主たる原因は，従来のレコードをすべて買い換える必要があったことにもあると言われる。②ベータマックス・ビデオ。テープは小さく，画像はよいと宣伝された。しかし画像については消費者の誰もVHSとの違いがわからなかった。③テレビ電話，④トイレを使う時に水を流す音が出る装置（Decoy toilet flusher）。このうち二つが自社の商品であった会社はどこか。

　上の最後の問の正解にあたる会社は，失敗に負けず，今や若者たちのあこがれの的の企業である。一度や二度の失敗にめげない，くじけない。これも人材育成の重要な目的であり，人材育成論の大きなテーマである。組織が創造的であるためには，また事業開発や商品開発に大胆に取り組むためには，小さな失敗におそれをなして二度と創意工夫をしなくなってしまう成員で満ちるようになってはならないからである。

　今でこそ全世界の人々の賞賛の的だが，ウォルト・ディズニーの会社は，ミッキー・マウスを主人公とした漫画映画を作った当時，二つの試作はいずれも不評であり，失敗であった。失敗の原因はサイレント映画のままだったことであり，サウンドムービーが新流行として顧客を捕らえていると考えたディズニーは，三番目のミッキー映画をサウンドつきとする。それが『蒸気船ウイリー』。これが大評判を呼び，スタジオは，さらに良い，より長い漫画映画を作る資金を得る。それらが当たり，やがて『白雪姫』の制作につながっていく。二度の失敗で懲りてやめていれば，ディズニーランドもなかったかもしれない。

　自分の失敗は許すが，従業員の失敗は許さない社長もときにはいるが，その逆の例を社長としていた，ダウ・ケミカル・カンパニーの昔話。ある男が自分を雇って欲しいとハーバート・H. ダウに面会した。彼は，自分の資格について長々と述べ，私はミスの一つも犯したことがないと何度も強調した。ダウはついに彼を遮って言った，「いいかね。ここには3000人が働いている。平均すると一日3000のミスをやってくれているんだ。その連中を，完璧な人間を雇って侮辱できると思うかね」と。

　アーカンサス州のウォールマート（世界一の規模の小売業）のウォールトン・ホールに，およそ300人の店長と本社スタッフが，毎週，土曜日に集まる。

そして，成績トップ25の店を褒めるだけでなく，ボトム25の店を，失敗から学び改善の策を考える材料を提供した店として，明るく発表する。(74)

常識から逸脱して学ぶ

創造的な組織は，また，いままでの慣習を「変なもの」と見ることができる組織であろう。

「常識とは，18歳になるまでに獲得した偏見の集成である」とアインシュタインが言っている(75)。

「常識」に対して疑う精神をもっていないと，現場の問題を見過ごすことになるかもしれない。

- 赤ちゃんにガラガラを持たせるわけは？
- 魚料理にレモンが添えられている理由は？
- なぜ男女の服，シャツのボタンの位置は逆か？
- なぜ電話ではハローと言うか？
- なぜ計算機は789,456,123，電話は123,456,789か？
- なぜクラシックの音楽家は黒い服を着るか？
- どんぶりなどについている，たくわんは，なぜ二切れか？

今までの仕事のやり方に疑問を持つ人を育てる，これも人材育成の課題である。しかし何もかも疑ってかかれば，新しい仕事のやりかたにも疑いばかりが先に立ち，先取の精神は生まれない。新しい慣習の受け入れは，いつもこわごわだったろう。昔，ヨーロッパ圏にコーヒーが入ってきたとき，コーヒーは毒ではないかと疑われた。18世紀の半ば，スエーデンの王様グスタフⅢ世は，一死刑囚に毎日，コーヒーを飲ませて実験することを命じた。囚人は93歳まで生きた！

コーヒーを飲まない習慣を墨守していれば，ネスレもドトールやスターバックスも今日存在していなかったに違いない。新しい習慣を実験してみる精神があらばこそ，の話である。習慣はときに破るべきである。ハムレットも言っている，(76)

　　　いかさま，習慣さ。ぼくはこの国に生まれ，この風俗には慣らされている

が，こいつは守るよりも破った方が名誉な習慣だ。

　もちろん，常に非常識であれ，などと言うのではない。最近は個性を生かせだの，個を大切にしろだのという意見が主流のような時代だが，個性あるエキセントリック（自己中心主義者）ぐらい，まわりに持ちたくない者はいない。無知・無責任と奇行も個性的であろうが，そうならないように組織の常識を教え込むことが人材育成である場合も確かにある。「組織文化」が顧客に愛される商品・サービス提供の根幹であれば，それを伝承せねばならない。逸脱を許してはいけない。とはいえ，非常識な人を育てることが人材育成である場合もときにはあろう。疑いが人を育てることもあれば，確信が人を育てることもある。失敗が人を育てることもあれば，成功が人を育てることもある。何事も法則化してしまわぬことが肝要である。

第 6 章
やる気（モラール）とやる気おこし（モチベーション）

1 モラール

やる気の喚起は育成の第一歩

　人を育てる人は，相手の学習意欲の刺激，また，とりわけ仕事の場では仕事へのやる気（モラール，morale）の喚起，要するに，その人を動かすモチベーションを学ぶ必要がある。

　昔から「士気」（組織の成員のやる気・気概・戦意など）が大切だ，と考えられてきた。近代の経営学や社会学の理論がこれを強調するずっと前から，重要なことだと知られていた。ギリシア勢とトロイア勢の戦争を描いた古代叙事詩の中にも，こんなせりふがある。

　　　心配なさるな，アカイア勢の士気を挫くようなことをいわれては困る。
　　　　　　　　　　　　　　　　　　　　　　　　——ホメロス『イリアス』[77]

　士気と訳された言葉は，英語で言えばモラールに当たる。モラル＝倫理，品行ではない。モラールは，フランス語からの借用である。18 世紀に英語圏が借用した時にはモラル（morals）の意味で使っていたから，話はややこしい。1752 年，チェスターフィールド卿は，息子にあてた手紙で，「もしジェスイットの品行（morale）を知りたければ，パスカルの『プロバンスからの手紙』を読め」と書いている。しかし，モラルの意味での使用は 19 世紀に廃れ，代わって「集団としての一体感，やる気」（community spirit），「軍団としての奮起心」（*esprit de corps* of troops）という意味になる。[78]

組織成員の人材育成に重要な目的の一つとなる成員のモラールを言うとき，人事管理者が一般に言おうとしているのは，従業員集団が持っている心の状態の集成で，果敢さ，規律，自信，熱意，忍耐をも含む。[79]

　もちろん，組織における人材育成でこういう用語が重要視されるずっと前から，何事につけ個人の気持ちが大切だということは，いろいろな人がいろいろな形で言っている。

　　もし心の中から声がして，お前には絵は描けない，と聞こえたときには，全力をあげて描け。そうすれば，その声が沈黙するだろう。——ゴッホ

　　長くてつらい道になる，だけど僕らはやってみせる。
　　　　　　　　　　　　　　　　　　　——ジャニス・ジョップリン

　　凡庸なアイデアでもそれが熱狂を生み出せば，誰をも鼓舞できない立派なアイデアよりも先へ進む。　　　　　——メアリー・ケイ・アッシュ

　　炎と燃える熱意，それを裏打ちする常識と粘り，成功にもっともしばしば導く質とは，これらである。　　　　　　——デイル・カーネギー

逆境からの成長

　世の中には人の意識は外的な条件で決まるとする議論も時折あるが，逆境を克服して人が育つには本人の側の意識が重要であるとの証言もまた多い。ここではどちらと決めることはしないが，後者の例として一つのエピソードを紹介しておこう。[80]

　サウスカロライナの小さな大学で行われた講演会で，知事の紹介のあと，壇上に上がった女性は，こう話し始めた。「私の母は耳が聞こえず，話すこともできませんでした。私は父を知りませんでしたし，今も私の父が誰か知りません。私が最初に得た仕事は，木綿畑の農作業でした」。聴衆は静まり返った。「すべては変えることができます，もし人が何も変えないようにしようと思わない限り」と彼女は話を続けた。「運ではありません，周りの環境ではありません，

そして人が生まれた事情でもありません，ある人の将来を決めるのは」。彼女は繰り返した，「すべては変えることができます，もし人が何も変えないようにしようと思わない限り」。彼女はしっかりした声で付け加えた，「不幸や不満を産む状況を変えるためにすべての人がすべきことは，次の質問に答えることなのです——私はこの状況をどう変えたいのか，という質問に。そして，その将来に向かって，行動を懸命に続けなければならないのです」。そして，彼女はにっこりと笑って言った，「さて，私の名前はアジー・テイラー・モートンと申します。現在，アメリカ合衆国財務長官をしております」。

　私は寡聞にして逆境の科学にはお目にかかったことはないので，経験則だとしか言えないが，逆境を経験し，修羅場をくぐり抜けて育った人材は多い（とはいえ，意図的に逆境を経験させろとか，いわば人生の不幸に遭うべきだと言っているのではない。修羅場に倒れた人の方が多いだろうからである）。[81]

　明治の文豪，幸田露伴の本名は成行。電信修技学校を卒業した露伴は，北海道余市に電信技手として赴任したが，文学への志を捨てきれず，ほとんど着の身着のままで青森へ渡り，東京をめざした（「突貫紀行」）。飲まず食わずという状態で福島県二本松にたどりついたとき，バッタリと倒れて動けない。死を覚悟したとき，一句が浮かんだ。「里遠し　いざ露と寝ん　草枕」。この露と伴に死のうという気持ちが，やがて幸いにも命を長らえ処女作を発表するときの露伴というペンネームとなったのである。処女作の題は「露団々」である。[82]

　1980年以後の世界をすっかり変えたと言っても過言ではないマイクロソフト社の創業者ビルゲイツの言葉にある，「調子よくいっている会社での経験なんぞは，大したもんじゃない。しかし，会社が失速しているときには，やむをえず，ぼくらは創造的であらざるをえなくなる。深く掘り返し，ものを考えることが必要になる。崩壊しはじめた会社にいるとき，僕らはいままでの前提条件を疑わざるをえなくなる。そういう過程を経験した人を，私の周りに持ちたいと思っている」。[83]

　逆境に負けず，いや逆境を経験したがゆえに，やる気を持ち続けている経営者やさまざまなリーダーに私は幾人にも会ってきている。少なくとも逆境に耐える，弱音を簡単に吐かないということが人材育成の一つの目標ではないだろうか。フランスの小説家，バルザックは，いつも借金を抱えていた。あるとき，

軍務を逃れようとしたとして刑務所に，短期間だが，入れられることがあった。ある日，友人が刑務所に面会に訪れると，バルザックはきわめて機嫌がよかった。「どうしてそんなに陽気なんだね，刑務所は快適なのかい」と不思議がった友人が聞いてみると，バルザック，いわく，「きわめて快適だよ。ここにいると借金取りに見つからずに済むからね(84)」。

　人材育成において態度教育が重要だということは，ここからも示唆される。ナチスの収容所での経験を踏まえた『人間による意味の探究』(Man's Search for Meaning) の中で，フランクルはこう書いている，「他のすべてをある人から奪い去ることはできても，これだけは奪い取れないもの，それが，人間のさまざまな自由のうち，最後の自由なのだ。それは，与えられた一群の環境の中で，ある態度を自分で選ぶということである，自分自身のやりかたを選ぶということである」。アウシュヴィッツなどを生き延びた人々に共通していることは，ある態度を持っていたということだ。収容所の中を歩いて，人々を慰め，また，自分のなけなしのパンを人に分け与えていた人がいた。その数はごく少なかった。しかし，それでも人が態度を選ぶ自由というものを示していた，云々。

　いつも明るい人は，ときには鈍感かもしれない。しかし暗い面ばかりを見ないことによる動機づけは重要かもしれないという寓話を一つ紹介しておこう。

　　クリームの缶の中に2匹のカエルが落ちた。缶の内側はぬるぬるしていて，はい上がれない。クリームは冷たく，深い。一方のカエルは，すぐにあきらめた，どうにもならん，これも運命だ，と。もう一方のカエルは，必死に泳いでいた。それをみて最初のカエルは，泳ぎ回って何になるのだ，無駄さと言って，やがて溺れていった。二番目のカエルは，じたばた泳ぎ続けた，グルグル回り続けた。やがてクリームは，かきまぜられてバターになり，固まってしまった。それを足場にして，カエルはピョンと外へ出た(85)。

2　モチベーション

何がやる気を育てるか：さまざまな要因

　何がモラールを上げるか，動機づける（motivate）か，についてはたくさんの俗論と仮説がある。

　ある議論では，心の状態が表情など人の外見を作り出すのではなく，表情が心を変える。それゆえ，人にやる気をもたせて行動を起こさせるというのは実は逆かもしれない。例えば，カリフォルニア大学の心理学教授，ポール・エックスマンによると，幸せなしぐさをするか，悲しいしぐさをするだけでムードを変えることができる。悲しい表情をした学生は悲しくなり，幸せな表情をした学生は幸せを感じたのである[86]。これを一般化すると，行動をまず起こさせればやる気は後からついてくるということになる。組織において優れているとされる少数の模範を選び出し，そういう人の行動を調べ，その行動を他の者にさせれば，優れた者なみの業績を生み出し，またやる気も高まるとするコンピテンシー論[87]も，この系にあると言える。

　外的な刺激から心の中の満足という内的な刺激まで，モチベーション（動機づけ）要因にはいくつかの順序段階があるとする議論で有名なものに，アブラハム・マズローの欲求のハイアラーキ（位階）説がある[88]。簡単に言えば，人は低位の欲求が満たされると，より高位の欲求を持つ，と主張する。その欲求の階段は，①生理的な欲求（衣食住），②安全への欲求，③ある集団に所属していたいという欲求，④周りから褒められることへの欲求，⑤自己実現の欲求，だという。モチベーションの教科書には，しばしばこの議論が出てくる。本当にそれが実証されたものか，またそれぞれが本当にモチベーション要因となるか，など，疑問が多く出されている[89]ので，鵜呑みにはしないほうがよい。とはいえ，人を育成するには，その相手の人の欲求に注目せよ，その欲求にはいくつものものがあり，カネや安全，帰属意識だけではなかなか訓練には応じなくなってきた，などという認識を，育成側に持たせるなど，欲求段階説は大きな影響を与えうる。

　この議論を受けて，人を満足させただけでは，やる気をもたせたことになら

ない，人を不満にさせない要因（衛生因子）と人にやる気を起こさせる要因（動機づけ因子）とは違う，と主張した者に，フレデリック・ハーツバーグがいる[90]。彼は，「仕事へのモチベーション」には，成果の達成（achievement），自己開発（personal development），仕事から得られる満足（job satisfaction），周りからの賞賛（recognition）を含むなどとした。人材育成の機会と，それによって自分が育ったという実感が人のやる気を高めるとした点で，人材育成論にも貢献した。

　人を育てるには，まず人の人間観を変えねばならない，人はもともとやる気を持っているのだ，とモチベーションに対して管理者側が注目をするように勧誘した者に，ダグラス・マグレガーがいる[91]。1950年代末にアメリカで主張され，日本にも輸入されて，一時，大流行した「人間関係（human relations）学派」の中心人物である。要約すれば，部下管理には二つの理屈づけがあって，一つはX理論（多くの人は怠け者。仕事が嫌い。働かせるにはムチとニンジンが必要。指示命令が必要で，責任をとらせることはできない）。もう一つのY理論は，これに対し，六つの基本仮説を持つ。①ふつうの人は，本来仕事が嫌いなわけではない。条件を整えれば，仕事は満足の源泉となり，自発的に達成される。②外からの制御と処罰の脅かしだけが部下管理の方法ではない。人は，自分が献身する目標の実現のために自己管理ができる。③目標にむかって献身する理由は自分らしいことがやれたという欲求の満足である。④ふつうの人は，条件さえあれば責任を受け入れ，求めさえする。⑤組織の問題を解決するための想像力，天分，創造力が多くの人にはある。⑥ところが実業界では，ふつうの人のそういう能力のごく一部しか用いられてはいない。このような議論は，人を育てる側の人間観を問題にした点で，戦後の人材育成に影響を与えたといえる[92]。

　この他，モチベーション理論にはまだまだいくつもある。それは入門のレベルを超えているので，職業心理学，キャリア心理学などを学ぶときに研究してほしい。

　言葉一つで人を育てる
　人材育成論入門のレベルにおいては，難しい理論であれこれ考えるよりは，たとえばたった一つの言葉だけでも，リーダーはフォロワーの行動を変えたり気持ちを変えたり，ひいては育てることができる場合もあることを理解してお

くことが重要である。そうした例を，いくつか下に挙げるので，それぞれの話の意義や，言葉の意味を勉強してほしい。

> 例1　心臓が悪いんではないかと思い込んでいる患者の肩に手をかけて医者が，励まして言った，「大丈夫です，あなたの心臓は，あなたの命の続く限り，元気に動き続けますから」。患者の顔は明るくなった[93]。
>
> 例2　「わが社では，廊下をすれ違って『どう，今日は』と尋ねて，その答として受け入れられるのは，『元気いっぱいです！』という言葉だけなのです。『私はこんな悩みを抱えてます』なんて話は，誰も聞きたくないでしょ。それに自分の悩みや頭痛についてしゃべるよりも，『私，元気いっぱい！』って言ってた方が，自分のほうだって気分がよくなるはずです」――メアリー・ケイ・アッシュ（ユニークな営業員モチベーション活動で有名な，アメリカの化粧品会社社長）[94]
>
> 例3　精神科医，アルフレッド・アドラーについて，次のような話が伝わっている。初診のあと，アドラーは患者に訪ねる，「で，病気が治ったらどんなことをしたいですか」と。患者の，これこれをしたい，という言葉に耳を傾けたあと，アドラーは立ち上がり，ドアを開け，次のように言う，「では，いますぐ，それをやりなさい，さあ！」と。[95]
>
> 例4　エド・マクマホンがショービジネスに入ったとき，祖母のケイティのアドバイスで，通勤のたびに，改札係に，「おはよう」「やあ」とあいさつをする習慣をつけた。改札係は，毎日，何千人も相手にするが，あいさつをされることなどない。やがて改札係も，「おはようございます，マクマホンさん」とか「やあ，エド」とか声をかけるようになった。競争の激しい商売，ストレスの多い街で一日を過ごすに清涼剤になったという。[96]

このような例から学ぶことは，毎日の職場で上司や周りの人々がかける言葉，同僚と交わす言葉の一つ一つがモチベーションになったり，逆にやる気をなくさせるということである。そんなに簡単なことか，コーチのやり方とか助言理論とか，メンター[97]に関する議論を学ばなくていいのか，と思う人もいるだろうが，こういう簡単なことこそ難しく，またその難しいことをちゃんとやるためには，そういう技法とか議論を学ぶ必要は必ずしもないと私は考える[98]。しかる

第6章　やる気とやる気おこし　　51

べきときにエピソードを一つ言えるだけでよいかもしれない。例えば，アメリカの南北戦争のさなか，北軍にとって戦況が最悪だったとき，リンカーンは，最近の敗北に対して，おまえはどう行動するつもりかと訪問客から問い詰められた。彼は，訪問客たちに，ある晩，彼と若者とが森を抜けた時のことを話した。それはちょうど真夜中で，流星がつぎつぎと降り，若者はそれに驚き，怖がった。リンカーンは若者に言った——「君，流れ星を見るのではなくて，その他の，その場にしっかりとどまっている星を見るんだ。そういう星が，昔から，われわれの導きの星になってくれてきたんだから」。そう話して，リンカーンは「さて，諸君」と話を結んだ——「われわれもまた，先輩たちが定めてくれた不動の理念に導かれて進まねばなるまい」[99]。リンカーンには，企業理念とかミッションとかについて経営書の一節を紹介し延々と講義する必要はなかったのである。

3 積極的な姿勢：人材育成の一つの目標

探検家デイヴィッド・リヴィングストンの言葉に，こういうのがある。「私はどこへでも行く，前へ行く限り」[100]。このような言葉に示される姿勢を積極的な態度（positive attitude）と言う。「教育とは，バケツに水を充たすようなことではない。火をつけて燃やしてやることである」——イギリスの詩人，イェーツの言葉である。モチベーションは，心の中に火をつけることであり，自助を支えることである。

ヘレン・ケラーの言葉，「陽光に顔を向けていなさい。そうすれば影など見えません」[101]は，モチベーションになろう。「私はたった一人だ。それでも私は私だ。私はどんなことでもできるというわけではない。しかし，それでも私には何かができる。私にできることまで，やりたくないと私は言わない」[102]という彼女の言葉は，自分に向けられた，セルフ・モチベーションの言葉である。優れた人物は，しばしば，自分を励ましている。42歳のとき，ジョルジュ・サンド（19世紀フランスの有名な小説家。女性の筆だと馬鹿にされる当時の性差別の慣行のもとで，ジョルジュという男性的な名を使った）は，失意のうちに暮らし

ていた。私生活でも問題を抱え，またフランスの有力者たちから厳しく非難されていた。ある日，鬱屈した気分で，家近くの森を散歩していた。その森は，子供の頃，彼女がさんざん遊んだ森であった。その森の散歩の途中，彼女はこう決意する，「私はありのままの自分を受け入れることにしよう。自分の限界も，力も含めて。この世に生きる限り，この人生を活用し続けよう。人生を活用しなければ，死んでいるのと同じだ」。彼女はその後，50の脚本と小説を書く決意をするのである。(103)

　1930年から1967年に死ぬまでイギリスの桂冠詩人であったジョン・メイスフィールドは，10代前半に学校から逃げ出し船員となった。4, 5年後，今度は海から逃げだし，ニューヨーク州のカーペット工場で働き始めた。そこで勉強を始めた。キーツやシェリーを初めて読み，詩人になる決意をしたのである。しかし，文章を書くことは，マストに上ったりデッキにペンキを塗ったりするよりもはるかに難しいことを知った。絶望して筆を放棄しようとしたとき，彼は，ある無名の文筆家の，つぎのような言葉を知った。

じっと座って願い事をするだけで	Sitting still and wishing
立派になった人はいない	Makes no person great.
神様が大ものを約束されても	The good lord sends the fishing,
釣りをするのは君の責務	But you must dig the bait.

それで決断できた，と彼はのちに書いている。「私は自分で何カ月も釣りをした。そして私の詩を出版しようという業者をついに見つけた」(104)。

　このように，優れた人物は自分でやる気を起こすことができ逆境を克服することができる。しかし，われわれの多くはそうではない。したがって，誰かしらに援助を受けて元気になる。われわれが育成されるに必要な人は，すべての人の自立と自助について語る人ではなく，目の前の私を励ましてくれる人であり，それは次の話に出てくる少年のような人である。

　　老人が孫をつれて海辺を散歩していた。少年は，ヒトデを見つけるたびに，拾い上げて海へ放り込んだ。「こんなところにいると乾いて死んでしまう，

助けてあげるんだ」と少年は言った。老人が言った，「だけど，海岸は何マイルもある，ヒトデは何百万もいる，おまえがそんなことをしても大した違いはないだろう」，と。少年は手にしたヒトデを見ながら言った，「だけど，こいつにとっては大きな違いだよ」。少年はそう言うと，ヒトデをまた海へ投げ込んだ。(105)

　以下に，人を育てることを考える上で示唆深い，先人たちの言葉やエピソードを紹介したい。とりわけ，人生を積極的に生きる姿勢を持たせるような言葉やエピソードである。

> 例1　限界を自分の心が作っている――ロシアの重量挙げの選手，ワシリー・アレクセイエフは，500ポンド（約230キロ弱）の重量挙げ記録に何度も挑戦し，失敗を続けた。499ポンドには成功するのだが，500ポンドはダメだったのである。彼のトレーナーは，501.5ポンドのバーベルを作り，あたかも499ポンドであるかのように見せかけた。アレクセイエフは，やすやすとそれを持ち上げたのである！　彼が500ポンドの記録を破ってしまうと，他の選手も500ポンドの記録を破るようになった。(106)
> 　1マイル4分の壁についても人々の心に壁があった。昔から，人はどれだけ速く走っても1マイルを4分以内で走ることはできない，と言われてきた。ギリシャ人もそれを知っていたようで，伝説によると，ギリシャ人はライオンを後ろから追い掛けさせてみて，それで速く走れないかどうかと研究してみたとか。また，トラのミルクを飲ませてみたとか。すべては無駄に終わった。結局，骨の構造からして無理だとか，風の抵抗からして無理だとか，肺の力からして無理だとか，たくさんの理屈が考えられた。しかし，最近，ロジャー・バニスターが記録を破ったあと，多くの人がその記録を破り始めた。骨の構造が変わったわけではない，訓練方法が大幅に変わったわけでもない。結局，人の態度が変わったのである。(107)
> 　また同じような例だが，1947年10月14日，パイロットのチャック・イーガーは，超音速飛行を初めて行った。それまで，マッハ1は絶対超えられないと言われ，飛行機にもパイロットにも1を超えれば恐ろしいことが起きると，科学者ですら予想していた。しかし，その日，ベル航空機X-1機で，彼はマッハ1.06に達し，3週間後には1.35を記録し，6年後には

2.44で飛んだ。彼の伝記にいわく，「速度を上げれば上げるほど，飛行はスムースになった。突然，マッハ速度計の針が揺れ始めた。0.965マッハを示し，そしてそれ以上となった。あれだけ心配し，あれだけ期待したのに，未知の音速の壁を超えるのは，ちょうどゼリー菓子をぬけるように，またちゃんと舗装したハイウエイを走るように，ごく簡単だった。なぜなら，本当の壁は空にはなく，超音速に関するわれわれの知識と経験とのほうにあったからである」。[108]

例2　解釈次第――98歳の老患者が楽しそうにしているので，看護婦がどうして今日は幸せいっぱいなの，と訊いた。「鏡を割ったんだ」と老人は言った。「え，鏡を割ると7年間，悪運が続くって言うのよ！」と，看護婦はいぶかった。「わかっとるよ」と老人が答えた。「だからさ，すばらしい話じゃないかね」。[109]

第 7 章
人を育てるチームワークとリーダーシップ

---

1 同じ釜の飯を食う,同じ屋根の下で育つ

チーム

> バラにトゲがついていると,いつも文句を言っている人がいる。私は感謝しているんだ,トゲにバラがついているって。⁽¹¹⁰⁾
> ——アルフォンス・カー(ジャーナリスト)

　いつも文句を言っている不平不満の輩と共に働いていれば,どういう人材が育つだろうか。そう考えてみれば,前の章で見たように,積極的な態度で事態に臨む同僚がいるかどうかでも判定できるような職場集団の質が人材育成にとって重要だということは,すぐにわかることだろう。最近の日本では,業績は個人に依存するという考え方が脚光を浴びているようだが,そのお手本とされるアメリカでは,実は「チームワーク」をこそ強調するようになっている。そして,チームワークにふさわしい人の育成が人材育成論のテーマの一つとなっている。
　「チーム」という英語(team)の古英語での意味は,「ひと腹の子供」(brood)である。動詞の teman＝生む,はらむ,から生まれた名詞である。そこから,「家族」を含む一連の意味を持つようになった。今日でも,一緒に働かされる馬,犬などを team と呼び,方言で一腹の豚,鴨の子などを team と言う。15世紀に人間の家族の意味はなくなってきて,16世紀になると,一緒に働いたり,遊んだりする人々の集団という,現在の意味が主になる。⁽¹¹¹⁾「俺たちはチームの

一員だろう」などの，米英の映画によくでてくるせりふは，双生児のように仲がいいはずだという語感を持つわけである。

　チームでなければならないと言われる前に，もともと組織の単位である職場は小集団（small group）であるから，その小集団の意義について考えてみることにする。

　大社会の中にあっても，私たちはいつも，たいていは多くの小集団に属している。私たちの考え方，行動の仕方，感じ方は，この小集団から強い影響を受けている。小集団が人をもっとも育てていると言っても過言ではない。「あなたを育てたものは何ですか」と聞かれると，人はしばしば友人とか仲間とか上司とか先輩とか家族とかを挙げる。

　小集団にもいくつもの種類があって，学者は①第一次集団（primary group，生まれ落ちる集団）か第二次集団（secondary group，選び取る集団）か，②所属集団（membership group）か，準拠集団（reference group，その集団の考え方，行動の仕方などを模範にするような場合）か，③公式集団（formal gourp）か非公式集団（informal group，閥，仲良し，秘密結社など）か，④「自分たち」集団（We group）か「あの連中たち」集団（They group）か，などに分ける。

　進んで集団を選び取り，その集団のやりかたを模範とし，この集団こそ「私たち」であると考え，たいていは非公式に作られる「仲間」小集団は，概して人の行動に一番大きな影響を及ぼす。人を育成する役割が公式には期待されている先生や親や上司よりも，クラス仲間，兄弟，職場の同僚などの方が人を育てる（また，逆に駄目にもする）ことは，多くの人が知っていることである。

　　仲　　間
　「仲間」にあたる英語のコンパニオン（companion）という言葉は，俗ラテン語の companio, companion（パンを共に分け合う者）に由来する。(112)また，同胞，友達にあたる英語のメイト（mate）も，meat（古義では食べ物）と同じ語源であるから，一緒に食うということは，仲間意識を育てるのに重要なのであろう。日本語でも「同じ釜の飯を食った」という言い方がある。

　「戦友」「同志」などの意味を持つコムラッド（comrade）の語源は，ラテン語の camera（または camara）である。ギリシア語の kamara よりきていて，丸天井

の意味である。後にそれは居室を意味し，さらに後にフランス古語の chambre となり，英語の chamber。商工業者が仲間として集まる，全世界にある商工会議所の会議所は chamber である。スペインではラテン語の camera, camara がずっと使われていて，camara（室），もしくは camarada（室の複数形，名詞）となり，やがて部屋を共有する人々（ルームメイト）となり，友人の意味になる。この使われ方がフランス経由でイギリスへ入ったのである。⁽¹¹³⁾

「仲間」の影響力が強いことは，いろいろな諺で示されている。私たちはいろいろな経験でもそれを知っている。

　　　悪いつきあいは，良い習慣を台なしにする　　　　　——『聖書』⁽¹¹⁴⁾

　　　三人の部下を持つより一人の同僚を持つ方がよい
　　　　　　　　　　　　——アイゼンハワー⁽¹¹⁵⁾（元アメリカ大統領）

「仲間」の前で，私たちは，ときには進んで，ときにはいやいや，しかし，たいていは知らず知らずのうちに自分のエゴを制限し，変容させ，別の私に変わっていく。進んで変えようとする仲間が作られることもある。1980 年代の半ばに，音楽界のスターたちがロサンゼルスに集まって，国連子供年のため，あの有名な「We Are the World」のレコーディングに参加した。それを組織した歌手のライオネル・リッチーはスタジオの入口に次のようなモットーを掲げた。

　　　この門を入る者，そのエゴを棄てよ⁽¹¹⁶⁾

集まった人すべてがスターであったが，ソロで歌う者はだれ一人いない歌であった。⁽¹¹⁷⁾

「同期（同一年齢世代）の仲間」(peer) からの「社会的圧力」を「ピア・プレッシャー」と呼ぶ。

　　　102 歳の誕生日を迎えた女性に記者がインタビューをした。「一世紀を超

第 7 章　人を育てるチームワークとリーダーシップ　　59

える長生きをして，すばらしいと思えることは何でしょうか」と訪ねられた老女は，こう答えた。「ピア・プレッシャーがなくなります！」。[118]

2　過剰同調を避ける学習集団づくり

　ピア・プレッシャーの源泉となる仲間は，いつも良い意味で「人を育てる」とは限らない。「仲間」は，しばしば「過剰同調」「画一化」（over-conformity）に人々を誘い込む。「すべての人が同様に考えるときには，誰も考えていないのである」（ウォルター・リップマン）という状態になれば，いわば洗脳型の人材育成となる。そういうものがあることは，歴史上，われわれは何度も見聞きしてきた。[119]

　さて，行列毛虫（蛾の一種の幼虫，processionary catapillar）がその名を与えられたのは，一列になって行進するからである。リーダーの進むところに従って，全員が行進する。前の幼虫の尻に頭をくっつけて。かつて，ある科学者が，実験を行った。行列している幼虫の群を，ぐるりと輪にならせたのである。リーダーの頭を最後の幼虫の尻にくっつけたのである。かくして，この小集団には「リーダー」も「フォロワー」もなくなった。輪になった行列毛虫の真ん中に，科学者は好物の栗の葉を置いた。そうすれば，行列毛虫は輪をとき，餌に向かうだろうと考えたのである。しかし毛虫は，ひたすら，前の毛虫の後を追い続けた。やがて彼らの体が弱ってきても，毛虫たちのどれも，仲間の尻を追うのをやめて餌に向かおうとはしなかった。仲間のだれもがリーダーたる役割を引き受けないと，みなが無目的な行動をし続けるのである。[120]

　組織を活力あるものとするためには小集団，チームワークを活用することが大切だ。しかし，同時にそこが上の話のような停滞の病原にならないように，組織はまたその「刺激」にも気配りを怠ってはならない。アメリカではグループ（集団）という言葉は，ここで書いた行列毛虫，過剰同調，という意味を持つことがあり，「日本的経営」はグルーピズム（集団優先主義）として嫌われることがある。そこで，「日本的経営」における現場の従業員の忠誠心，まとまりの良さをまねようというときに，グループではなくチームという言葉を使うよ

うになったのである。そういうチームに歓迎されるべき「チーム精神」(Team-spirit) は次のようなものだと、看護集団の管理者向けの本では言われている。
　①共同の目標に向かって、他人と一緒に働こうという気持ちがあること。
　②他のチームメンバーに対して loyalty を持っていること。
　③チーム全体に対して強い identity を感じていること。
　④チームの目標のために高い代償を——自分自身の労力や自制心という形で——払う用意があること。
このようなチーム精神を持った人を育成するのも、組織の人材育成の目標である。それを目標として、経営哲学として明示して掲げているものに、アメリカの大型小売店で独自の経営を築きあげているスチュー・レオナーズがある。その宣言に言う。

　　われわれの最大の資産は、会社の財務内容ではない。われわれの最大の資産は、われらが社員のチームだ。われわれの社員がベストの状態であるように手助けをしよう。まず最初に、よい社員を集めなければよい仲間にはなれない。われわれ一人一人が成長し、社内から人を昇進させよう。仕事ができるように人を育て、それで初めて自分が昇進できるようにするのは、そのためである。

3　リーダーシップ

後ろ姿で教える

　リーダーに従うだけのフォロワーばかりではだめだが、リーダー不在の集団でもだめだ。では、リーダーはどうあるべきか。あるべきリーダー論はうんざりするぐらいあり、科学的なリーダー研究は少ないのが現状である。
　ある議論は、リーダー（率先垂範者）とボス（訓戒命令者）との区別をして、リーダーは人材育成者であるとしている。すなわち、①ボスは人を追い立てるが、リーダーは援助する。②ボスは恐れさせるが、リーダーは熱狂させる。③ボスは、時間どおりに来いと言うが、リーダーは時間より早く来ている。④ボ

スは問題が生じると誰かを責めるが、リーダーは自らその難題を解決する。⑤ボスは、おまえやれと言うが、リーダーは、一緒にやろうと言う。⑥ボスは、人を使う。リーダーは、人を育てる。サンタクララ大学のバリー・ポズナーとTPGラーニング・システムズのジェイムズ・M．コウゼスによると、[124] ①リーダーはじっと待っていることがない、②キャラクターは重要だ。人々は正直で、前向きで、人を鼓舞し、かつ有能な者に従う、③リーダーは現実をよく知っているが、同時に未来をよく予想している、④価値を共有すれば大きな力になる、⑤一人ではできない（フォロワーが必要だ）、⑥自分の行動で、生き方で示す、⑦リーダーシップはだれもがみな持つべきである。以上の二つのようなリーダー論議はしばしばされるもので、経験豊富であると自称他称の人が経験則として提示するものである。そうかなとも思えるが、証拠がなさそうである。

別のリーダー論のタイプは、アンケートによるものである。たとえば都内上場企業の課長323人への調査[125]によると、よい上司とは、①部下の指導がうまい（48%）、②部下に仕事を任せる（41%）、③的確な判断力がある（39%）、④リーダーシップがある（35%）、⑤適切なアドバイスをしてくれる（32%）、⑥決断力がある（32%）、⑦先見性がある（29%）、⑧部下の評価が公平である（25%）、⑨幅広い人間関係を持っている（25%）、⑩視野が広い（23%）、⑪部下の面倒見がよい（23%）、⑫失敗をカバーしてくれる（20%）（以下略）。この手のアンケート型のリーダー論も山ほどあって、証拠なく自説を開陳するものよりもましのようだが、アンケート対象者の偏見の集大成にすぎなくなる危険もある。

第三番目の議論のタイプは、特定の組織やその単位をなす小集団をとりあげて、リーダーとなっている人々の行動や心理を詳しく分析するという、最近流行のコンピテンシー論（先の章でも紹介した）である。リーダーの個性記述（伝記もの）と大量アンケート調査からの共通点抽出との中間とも言える。業種・業態・業務などを特定化するという利点がある。リーダーとして育った人のキャリアをも追えるという科学的研究への材料提供もしてくれている。しかし、今までのリーダーの言動は将来のリーダーの模範となりえない場合もあり、限界もある。

語源からしてリーダーはリードする者である。リードとは先導することであり、先頭に立つことである。ここからリーダーは旗頭であるということになる。

もともと,「旗頭」は,旗の先端のことであるが,昔の軍隊は旗を立てて進んだので,軍団の長を「旗頭」と言うようになった(126)。リーダーは先頭で戦うのである（前に「現場主義」による人材育成のことを書いた）。そうなると,倒れることもフォロワーより多くなるはずである。ゲルマン人アングロサクソンの諸王は,自分の軍隊の先頭に立って戦わねばならなかった。30歳以後まで生き延びる王は例外だった。ベッドで死んだサクソンの王様は,おそらく一人だけである。

　現代の経営組織にあっては,「年功序列」は事実上「健康序列」とさえ言え,健康で長生きする者が残ってピラミッドの上位を占めることになりがちである。しかしリーダーが先頭にいる組織にあっては,リーダーはフォロワーの傍らにいなければならない。ゆえに「ありのままにいえば,経営者の最も重要な仕事の一つは,部下が失敗の口実をつくらないようにすることだ。しかし,もしあなたが事務室にとじこもってばかりいるペーパー・マネジャーだったら,おそらくあなたしか解決できない問題を引き起こした場合でさえ,それについて彼らは相談するのをためらうだろう。したがって,あなたは事務室から出て,おれにできることならなんでもやるから相談にこいと,彼らに呼びかける必要がある。そうすれば,まもなく彼らは,それぞれの失敗を率直に報告してわびるために,あなたの所へやってくるようになるだろう。そして,失敗は成功のもとだ。彼らはやがて,きっと10人分の力を発揮する」(127)（レンタカー会社,エイビスの元経営者R.タウンゼント）。

孤立しない

　先導しながらフォロワーから離れたところにいないリーダーは,雁の渡る群の先頭に立つものにたとえられる。リーダーは旅の指導者であり,その役割は,①方向を定めること,②障害を除去すること,③部下の帰属感を育てること,④部下の自律的な行動を促すことにあるとされる(128)。

　旗頭として先導するリーダーは,目立つことが重要である。スペイン無敵艦隊アルマダを迎え撃つイングランドのエリザベス女王I世は当時55歳。女王はテムズ河を下ってチルベリーに終結した英国軍と合流。閲兵に臨んだその時の服装は,白いヘルメット,白いドレス,白い鉄のコルセット,白い馬,銀の

第7章　人を育てるチームワークとリーダーシップ

指揮棒[129]。エリザベスは，さらに自分の馬のたてがみや尾を，自分の髪の毛とそっくりの鮮やかな赤に染めさせた[130]。その勇姿は，全軍の眼に鮮やかだった。シーザーも「戦闘には自分が目立つように，豪華な，鮮やかな色の武具をつけるのを常とした」と言われる[131]。

しかしリーダーは，かように目立ってはいけない，自分の存在を忘れさせるぐらいでなければならないという議論もある。アメリカの有名な騎手，ウイリー・シューメーカーは言う，「馬は，特に必要がなければ私が上にいることを知らない」[132]。そのように「最良のリーダーは，しばしば本人がいなくなった時に彼がそうであったかと気づかれる」[133]。

リーダー論議がもっと注目をするべきは，新聞や雑誌の表紙を飾るリーダー，声高に自分の功績を語るリーダーではなく，もの静かな，堅実な，巷のリーダーであるかもしれない[134]。

4　チームリーダーの育成

チームリーダーが生まれつきのものであれば，人材育成論でとりあげる価値は半減する。しかし，アメリカのリーダーシップ論の論客ベニスによると，「いちばん危険なリーダーシップ神話は，リーダーは生まれるというもの，リーダーシップには生まれつきの要因があるというものである。この神話は，人々は単に一定のカリスマ的特質を持っているか，持っていないかだと決めてかかる。これはナンセンスだ。事実，その反対が真実である。リーダーは生まれるのではなく，作られるのである」[135]。アメリカン・フットボールのグリーン・ベイ・パッカーズの名コーチ，ビンス・ロンバルディによると，「リーダーは生まれない，彼らは作られる。そして彼らは他のものと同じで，ハードワークによって作られる。他の目的についてもそうだが，リーダーを作るという目的を達成するために支払わねばならぬ代価が，それである」[136]。

リーダーが生まれつきのものでないとすると，どのようにして育つのか，また育てられるのか，という問題が当然にも生まれる（いわゆるカリスマ的リーダー，また世襲的リーダーなどの場合には「生まれつき」である場合もありうる）。

リーダーが育つ理由に関する仮説の一つは，そのキャリアに秘密を求めるものである。例えば，リーダーは混乱を経験し，障害を乗り越えていく経験を積むことで，知恵を蓄える[137]。フランスのフォッシュ元帥は，かつてこう言った，「師団長を育てるには1万5000人の戦死者が必要だ」[138]。「一将功なって万骨枯る」という意味ともとれる。しかし他方では，リーダーは経営組織の活動の中で時間をかけて多くのメンバーの間から選抜されていく（「トーナメント方式」の組織内キャリア）ことを言っているともとれる。

　リーダー育成が現場での選抜によるとすれば，教室での座学・講義形式でのリーダー育成は効果がないのだろうか。カナダの代表的な経営学者の一人，ヘンリ・ミンツバーグ教授ですら，こう言っている，「リーダーシップは，水泳のようなものだ。それについての本を読むことでは学べない」[139]。しかし，工業界を大革新したヘンリー・フォードの方は，こう言っている，「本に捧げられた1ドル，そしてマスターされた1冊の本が，少年の人生をすっかり変えてしまうことがある。それがたちまちリーダーシップの開発の始まりとなり，少年をして周りの人々に大いなるサービスをさせることになることがある」[140]。

　教科書やマニュアルを用いたOJTでも，また体験を通じたOff-JTでも，また長期のキャリアによっても，リーダーは育つし育成できる，と私は考える。

第7章　人を育てるチームワークとリーダーシップ　　65

第 8 章
生涯学習組織における人的資源管理

1 学習能力のある個人と組織

学習集団,学習組織

　組織の中で人は育ち,リーダーになっていく。しかし,すべての組織が上手にリーダーを生むわけではない。リーダーが生まれても,フォロワーとの上下の情報交換がうまく行かず,信頼が損なわれ,成員の知識や技能が生かされず,組織内外のさまざまな環境に鈍感となり,結局は組織が衰退してしまうこともありうる。

　成員のチームワークを大切にし,共同して一緒に学び,不要なことは忘れ,新しいことを学びなおしながら,持続的に成員の向上を図っていく組織,それを「学習組織」と呼ぶ。変化が激しく,個人の知識や技能をつねに学びなおす必要のある生涯(持続)学習社会においては,おそらく経営組織も生涯(持続)学習組織になる必要にせまられるであろう。そのような組織では,人材育成は一時のことや,また節目節目のことではなく,持続的な作業となるであろう。そのような持続的育成によって個々人のキャリア形成がされるのある。

　「組織としての学習行動」(organizational learning)を最初に提唱したのは,アージリスたちであろう。[141] その前には『実務に生きる理論』という本を出しているが,[142] この本の副題は「専門職業人の能率の増進」となっている。深い理論を勉強した職業人が組織の中で実務を通じて学習する,そういう人々の組織は学習する組織になるというのが彼らの基本的考え方であろう。変化のない環境下での学習は古典暗記と伝統墨守ですむが,破棄と創造の必要な学習は創意工夫をする人々に担われる。だが他方で,組織のすべてが変転やむことのない状態

であっては，おちついて実務はできない。ルールの存在する組織の中で創意工夫はどのようにすれば発揮できるのか。既存の規範，政策，目標を守る学習と，修正する可能性を含んだ学習（「ダブルループ型学習」）とがどう調和できるのか。

　こうした問題意識は，議論が抽象的すぎて実際には産業界から無視されたのであるが，10余年後にセンゲの「五番目の学：学習組織の技と実」にとりあげられてから再び論壇にのぼった。[143]

　センゲの議論も，しばしばあまりに抽象的で読みづらく，もっと簡単に言えることを難しく言っているのではないかという印象を私は持つが，彼はこれからの組織に生きる者には，次のような「要素技術」が必要だと言っている。

　①ものごとはおたがいに複雑な関連を持つ体系であると考えられること（systems thinking），②個人として成熟していること（personal mastery），③学ぼうという精神の型が備わっていること（mental models），④構想を共有していること（shared vision），⑤チームとして学習していけること（team learning）。

　このうちでは，最後の点が大切な点で，そのような個人は組織のトップにいればいいというものではないというのが，組織ぐるみ学習論者の論点の中心である。「組織のために学ぶ一人の人，たとえば一人のフォード，スローン，ワトソンのごとき人を持つだけでは，もはや不十分である。……本当に優れた組織は，組織のあらゆるレベルの人々に学ぶ意欲と能力をもたせる方法を発見している組織であろう」と，この学派の有力者クリス・アージリスは言っている。[144]

　しばしば，組織の指導者を自任している人々の方が，かつて学んだことに固執し，新しいことを学ぶ力がなくなっている。「1990年代の厳しいビジネス環境下で成功しようと思う企業は，すべて基本的なジレンマを解決せねばならない。それは，市場での成功がしだいに学習に依存するようになっているのに，多くの人々がいまだに学習の仕方を知らないというジレンマである。しかも組織の中で，学習が一番うまいと多くの人から思われているような人が，実は学習が下手である」。

学ぶ組織，学ばない組織

　従来の人材育成論，とりわけ企業内での人材育成論は，ともすれば「出世する人」「トップに立つ人」「勝ち組」に目が行きがちであって，その意味ではエ

リート崇拝的傾向があった。学習組織論は，それに対しては，民主主義的な傾向があることがわかるだろう（どちらかが良いと言っているのではない）。次のような議論が典型である——これからの組織で成功する人は「学ぶ方法を学ぶことができるためのスキル」を持っている人々で，彼らは「個人主義者の英雄」タイプで学ぶのではなく，「協力しながら学ぶ」ことを重視している。[145]

　学習組織は，定義上，自分の経験や過去の歴史から学習する。また，他社の経験やその優れた行動からも学習する。そうして得られた知見を，敏速に，効率的に組織内で交換し，蓄積するはずである。しかし，これは理想像であって，現実の組織はそうではないことが多い。その例を一つ，以下にあげるので，何が問題かを考えてほしい。

> **事例研究**：「ワインボトル一人一本ずつがついた機内食」[146]
> 　ニューヨーク–プエルトリコ間の航空会社間の競争は激しさを増した。当時，アメリカの航空会社として老舗だったパンナムは，サービスを売り物にしようとした。ある広告会社がアイデアを出した。すてきなテーブルクロスに，小さな籠，それにサラミ，チーズ，リンゴをつめ，ワインの小瓶を一人一本ずつ付けて出すというものである。プロモーションのため新聞広告も用意された。ところが突然，広告会社にパンナムから新聞広告一時中止の連絡が入った。2000ポンドの薄切りのサラミが届いたところで，機内食業者との契約でサラミはすべてその下請け業者に加工を委託することになっていたのである。パンナムはあわてて薄切りサラミを返品し，サラミ素材を注文した。機内食業者がサラミを入荷し処理を終わり，いよいよ広告という段階で，再び一時中止の指令が出た。ワインボトルはプエルトリコに届いたが，バスケットはニューヨークに届いた！　というのである。ワインがニューヨークに送られた。が同時に，バスケットはプエルトリコに送られた！　どこかで指令が間違って伝わったらしい。ようやく問題が解決して，広告を出してよいという指令が広告会社に出た。広告は顧客の関心を引き，予約が集まった。パンナムも広告会社も大喜び。しかしワインボトルが顧客に配られたところで客室乗務員が気がついた。栓抜きを積み込んでいないことを。パンナムはこのプロモーションを中止した。

　他方，実験精神があり，自社の失敗を反省し，成功を他部署に伝え，他社の

第8章　生涯学習組織における人的資源管理　　69

動きを学習して業界の常識を変えていく企業もある。

2　学ぶことを学ぶ人的資源開発

企業も学校

　持続学習組織は，当然ながら，成員の教育に熱心であろう。すでに経営組織の多くは，とりわけ日本の企業は，社員教育には熱心である。1970年代後半から1980年代前半にかけて，日本の製品の品質に押されて「産業空洞化」を経験したアメリカでも，コンサルタントたちの「日本的経営」の宣伝に押されて，そのことに気づきはじめたらしい。

　トレンド（時代趨勢）評論家のジョン・ネイスビッツによれば[147]，経営革新（会社の作り変え）には企業を学校にしなければならない。その理由の一つは，既存の学校がまさしく学習組織となりえていないからである。学校が提供している教育と企業が求めているものの間には，大きなミスマッチがある。しかし，若者の減少により，企業は十分な教育を受けていない者までも採用せざるをえなくなっている。そこで，企業は自ら主たる教育機関の役割を引き受けざるをえない。その一方で企業は学校の革新を諦めてはいない。企業は学校に講師派遣をしたり，寄付講座を作らせたり，学校の教師が休暇中に現場体験を得る場を提供している。また，学校の側でも変わってきたことがある。たとえば地域の中小企業のための社員教育を引き受けるようになっている。

　この動きの前半（学校教育の不適切さが企業の社員教育の熱心さを生んだ）は，日本の人的資源開発の歴史にもあてはまるところがあるだろう。後半（学校が職業人の教育に熱を入れ始めた）は，最近ようやく日本もまねし始めたぐらいのものであろう。アメリカ企業は社員教育に不熱心だ，その点，日本は熱心だから人的資源競争力はある，などと言って奢っていると，追い越されかねないのである。アメリカの経営者は決して一通りではない。日本の三大自動二輪車メーカーが世界を席巻したあとも，ニッチ（隙間市場）に強いハーレイ・ダビッドソンの元社長，リチャード・ティアリンクは言っている，「トップマネジメントにいる人々は，持続的な学習を許すような作業環境作りに対して責任があ

る」。

　持続的な学習には，学習能力がまず必要である。社員教育のテーマは，短期的に有益な技能（スキル）の伝授から，より基礎的ではあるが持続する学習能力の開発に移らざるをえない。従来，労務管理とか人事管理，あるいは職業訓練とかの言葉で言われてきたことが最近は「人的資源管理」（Human Resource Management）と言われるようになっているが，その背景にはこのようなものの考え方の変化がある（社員教育の具体的な歴史は，後半で取り上げる）。人材育成は「即戦力」養成だという議論があるが，「即戦力」は時代が変わればたちまち陳腐化する危険がある。時代の変化に耐えうる基本的な能力の育成が大切である。それが，本来，キャリア開発の思想の一つである。

　「いま，われわれが重要だと思っている技能や力は，陳腐化しうる。しかし，新しい技能や力を学習する能力（the ability to learn）は陳腐化しない」と，アメリカにおける組織ぐるみ学習や知識マネジメントの唱導機関，創造的リーダーシップセンター（Center for Creative Leadership：CCL）のラス・モックスレイは言っている。したがって，組織にとって重要なのは「学ぶ力のある人」であると，同センター研究所員のエレン・バン・ベルソールも言う。

　そういう力を持っている人は，どれぐらいいるのか。実証性の低い議論であると私は考えるが，元同センター研究員のマイク・ロンバルドによると，組織には学習能力という観点から見て三種類の人々がいる。第一は，「動きのすばやい学習者ないしは積極的な学習者」（Agile or Active Learner）で，生涯を通じて，経験から意味を見いだそうとする。習慣・本性・欲望として学ぶ。また学んだことを応用しようとする。状況に追随するのではなく学ぼうとする。彼らは大組織では10％しかいない。しかし彼らこそ，リエンジニアリング・コンサルタントがキーポジションにいてほしいと望むような人々である。第二は「消極的な学習者ないしは気まぐれな学習者」（Passive or Random Learner）で，60％の人々が該当する。第三は，「学習拒否者」（Blocked Learners）である。創造的なことをするのが嫌いで，言われたとおり行動する人々であり，あるいは過去の習慣どおりに行動する人々である。組織成員の30％を占める。

自立して学べる個人づくりが組織の使命

　人的資源管理が競争力の源泉の一つだと信じる経営者は，学習能力の育成を人的資源管理の一つの使命（ミッション）におくようになっている。

　イギリスの人事管理協会の「生涯能力開発実践指針」（The IPM Code of Practice on Continuous Development）によると[151]，組織内の学習活動が組織および成員に十分な利益を与えるためには次のような条件が必要だ。

　①組織は，なんらかの形で戦略的な事業計画を持つべきである。この戦略計画には，それを実現する従業員の技能（スキル）と知識に関する事項が明示されていることが望ましい。

　②すべての学習需要（ニーズ）を予期できないから，経営者は，新しい学習ニーズが現われるたびに，それを発見・確定し，そのニーズに応える準備をし，かつ，進んで実行できなければならない。組織は能力開発常態化の哲学（a philosophy of continuous development）を育てなければならない。

　③学習と仕事とは，できるかぎり統合されるべきである。すなわち，すべての従業員に対し，彼らの日々の活動に伴う問題や課題，または成功から学ぶよう奨励せねばならない。

　④つねに能力開発をする姿勢は，トップマネジメント・チーム（たとえば取締役会）の長その他の成員から支持されねばならない。トップマネジメント・チームは，管理者層や一般労働者の能力開発が企業内でどう行われているかを，定期的に，かつ公式に，検討せねばならない。

　⑤持続的な能力開発への投資は，トップマネジメント・チームによって，研究・新商品開発・資本設備などへの投資と同じぐらい重要なものだと考えられねばならない。それは「景気のいい時」だけ認められる贅沢品ではない。むしろ，組織が当面する問題が深刻であればあるほど，従業員が学ぶ必要は大きくなるのであり，かつ，学習への投資の必要は緊急のものとなるのである。

　先ほど取り上げたアメリカのネイスビッツによると，学習重視は組織構造や企業人の職業感をも変えていく[152]。

　①個人の成長にいちばん好ましい環境を作り出す会社が，最優秀人材を集めることができる。そういう会社は，先輩と若者とを上手に組み合わせ，

職務のくくりを大きくし，学習体験を系統的に与える会社である。
②管理者は，個人の成長に向くように環境を作り変える仕事をその新しい役割とする。そのような管理職を生むため，能力再開発が重要になる。
③業績・革新・忠誠を重視するような報酬体系を，経営職から一般従業員に至るまでに適用し，皆に「主人公意識」（sense of ownership）を持たせるようになる。
④「雇用労働」（hired labor）から「契約労働」（contracted labor）へのシフトがおきる。
⑤トップダウンの権威主義的管理スタイルから，ネットワーク型の相互支援システムへ移っていく。
⑥企業組織の再編が進み，事業家連合に近づくようになる。

3　人材育成の環境はどう変わるか

顧客の趨勢

以上，組織・労働の場に生じている人材育成の趨勢を解説した。要点は，組織は，外界の変化にも学ばねばならず，それに応じられる人を育てねばならないということでもある。経営組織にあっては，そもそも顧客の方に生じている変化に対応して，自身が変化していかねばならない。政府がおしつける「計画経済」や，寡占大企業による「生産者主義」ではない，競争市場経済では特にそうである。したがってまず，顧客の側に何が生じているのか，どういう趨勢（トレンド）があるのかを理解することが大切である。

市場トレンド予測者のフェイス・ポップコーンによる前世紀末のトレンド予想に従えば，以下のような変化が人々の行動に生じている[153]。

①巣ごもり（Cocooning）：消費者は自宅にとどまって小さな，安全な巣を作る。
②仲間づくり（Clannning）：同類と小さな集団をつくり，交際する。
③冒険気分（Fantasy Adventure）：リスクを侵さず興奮を求める。
④掟破りの楽しみ（Pleasure Revenge）：規則や決まりにうんざりし，禁断の

果実を味わおうとする。
⑤小さな道楽（Small Indulgences）：ストレス解消になる，あまりカネがかからぬ贅沢。
⑥心の錨（Anchoring）：精神的なルーツを探し，昔をしのぶ。
⑦自尊経済（Egonomics）：自分はえらいと主張する方法としての消費。
⑧女性化（Female Think）：上昇志向，達成志向から，介護志向や分有志向に。
⑨男性解放（Mancipation）：マッチョイズムからの解放。
⑪カネ離れ（Cashing Out）：ストレスの高いキャリアを離れ，シンプルライフを楽しむようになる。
⑫良質生活（Being Alive）：長く生きるよりも良く生きる。生活の質的向上を目指す。ハーブティ，ヘルスフーズ，薬草。
⑬回春行動（Down-Aging）：大人が夢中になる遊び。
⑭浮気な顧客（Vigilante Consumer）：不満があればすぐ逃げ出す顧客。
⑮偶像倒し（Icon Topping）：伝統的な社会規範への疑問，反論。
⑯社会救済（Save Our Society）：良心の目覚め。

このような顧客の動向はマーケティング，商品開発などの研究のテーマであって，人材育成論のテーマではないと思う人がいるかもしれないが，それは間違いである。第一に顧客優先の経営行動は，求める人材像をも顧客の変化に従って変える。第二に消費者としての人は，別の場面では職業人としての人である。人を育成しようとする者は，職場での人だけを注目してはおれない。消費者や住民，家庭人などとしての人の行動や価値観の変化にも注目せねばならないのである。

13のK

これからの人材育成をとりまく変化は，他にも実に多彩に起ころうが，たまたま頭文字をKとするいくつかのトレンドも考えることにしたい。

第一は，工業・工場・工程のKである。高度成長期末期には，工業文明の批判と脱工業化の推奨が一方的に言われるきらいがあったが，わが国は工業・工場・工程・工具を重視し，生産技術を革新し（かんばんシステムなど），品質管理を重視し（QCなど），工具を長期雇用で育ててきた。これを軽視した他の

先進諸国がどうなったかは，ごぞんじの通りである．最近は，発展途上国への工業機能の移転で工業空洞化が言われるが，革新的で高品質，高付加価値の工業製品供給の役割はまだまだなくならない．心配なのは工業に興味を持つ若者が減ってきていることである．

　第二は，機械化のKであり，その一層の進行であろう．第一の問題の解決肢の一つである．工具から機械設備までのさまざまな自動化は，工場から研究室，営業現場から流通，事務，さらに経営企画に及んできている．普遍的な自動化時代の労働者の育成の課題は，単に機械の操作の技能の育成だけにとどまらず，何が機械化できるかという仕事の分析能力，さらに機械にかけやすくする仕事の改善能力，逆に機械にできぬ企画や人間的交渉能力まで広がってくるだろう．

　第三に，研究開発のKである．研究や開発を担える技術者の供給のために高校・高専・大学の拡充と改革が必要である．しかし，企業ではそれを待っているわけにはいかないから，オペレータを保全工に，保全工を生産技術者に，生産技術者を設計開発技術者にグレードアップしていく社内教育が重要になるだろう．またそれでも間に合わぬ場合に社外から研究開発技術者を確保しようとする企業の動きで，研究者のスカウト，それによる転職，派遣・請負が増加してくるだろう．

　第四に，小口化・小型化のKも見逃せないメガトレンドである．多品種小量生産あるいは多品種適量生産化で，中小企業に新しい存立基盤が広がる．この動きを支えるには，中小企業に優秀な人材を供給することが必要となり，学校教育における中小企業教育のありかたを考え直したり，中小企業自身での人材管理の水準の向上が必要だろう．小口化は，高頻度発送を生み，流通のありかたを変える．運輸業従業員の質が問われるようになり，またこの業界のシステム化の動きが注目される．

　第五に，交流化のKにも注目しておきたい．従来のタテ支配の産業組織や系列が崩れ，中小企業間の異業種交流が進み，弱者連合のネットワークではなく，強者連合のネットワークへと再編される．交流に積極的な対応ができる人材は，官僚制的タテ秩序づくりがうまい人間の育成では育てられない．

　第六に，感性という言葉にも，うまい具合にKという頭文字がつく．わ

れわれは若者，そして若い労働者の論理操作能力の欠如を嘆きがちだが，他方で若者の色彩感覚，音楽感覚，味覚・触覚などの感性が，豊かな時代での新しい商品と産業（ファッション，ディジタル映像，スパイス，グルメ，木の肌触り，健康産業など）を育てていることを軽視してはならない。新しい時代に必要な人材には，遊びごころを知った人々も含まれるべきである。

　第七に，感性を重視すれば，感性は一人一人多様であるから，当然，個性化のＫに行き着くのである。最近の従業員は個性がないとよく言われる。が，個性を育てるような仕組みであるのかどうかを，学校から企業まで，まず問うてみる必要がある。

　第八に，顧客優先のＫも，人材育成のありかたに関係する。生産や事務管理はできるだけ機械化して，最終的な顧客との対面的な接触に人材を投入することで，製品企画と顧客管理に成功している企業が多く生まれている。百貨店も御用聞きに人を投じる時代である。従業員こそ顧客であるとして，従業員の発言を企業活動に生かしているスーパーは，もはや珍しい存在ではない。

　第九に，低成長が長く続く中での，経済指向のＫも，新しいビジネスチャンスになっている。節約指向が新しい商品群を生み，また，組織の節約志向が雇用形態の多様化や外注化を生んでいる。いくつかの産業では非正社員の戦力化の上手下手が組織間競争力格差に関わるだろう。非正社員層の人材育成が重要な課題となる。

　第十に高速化のＫは，企業の敏速な意志決定を要求している。情報の収集と処理，それに基づく判断の早さが企業間競争にとって決定的である。情報の高速化だけでなく，交通の高速化は，地方への工場や支社，流通センターの展開を可能にし，Ｕターン人材の活用や，まだまだ安い地方の土地や労働力の活用を可能にしている。納期の高速化は，対応能力次第で下請け中小企業間の格差を大きくするだろう。流通の高速化は，通信販売や，直販を成長させ，問屋や地方商社での人材の育成の立ち遅れを決定的な欠陥にしてしまうかもしれない。

　第十一に，国際化である。国際化は，企業での国際要員の必要性を増すであろう。従来は国際的な進出を予定していなかった部門までが，しかも多様な国との付き合いを余儀なくされるようになってくるだろう。従業員の語学能力の

育成はあたりまえのこととして，さらに真の国際人として，他国のビジネスマンやときには政治家と渡り合える交渉能力や，現地の従業員への管理能力，さらには文化教養までが求められるようになるだろう。

　第十二のKである高齢化は，いよいよ本格化し，深刻化するだろう。しかし，そうであらばこそ，第一に高齢化を防いで若年者を集めることに成功した企業が，第二に高齢者の能力再開発と活性化に成功した企業が，第三に高齢者向けの商品の開発に成功した企業が，他を尻目に伸びる可能性を持っているわけである。従業員の高齢化対策を，人事や労務に尻拭いの形で後向きにさせるのではなく，企業の成長戦略のなかに組み込むことに成功した企業がのびるであろう。また，ピラミッド組織の中でのタテの昇進のみに生きがいを見いだす社員ではなく，フラット化していく組織の中で，現場そして顧客との接触に生きがいを見いだす社員を多く育てられる企業が伸びるであろう。

　第十三に，総じて教育の時代になると言えよう。社会的には生涯学習型の社会になり，企業も生涯学習型の企業になってくるといえよう。高度職業人養成のための社会人向け大学院が成長する。企業内学校も大学レベル以上を教える。

　他にもいろいろと趨勢はあるだろうが，次のことを強調しておく。組織内の人的資源管理は組織外の環境における人的資源の変化を考慮に入れねばならず，それは従来の人材育成論で伝統的に重視されがちな労働力構成（デモグラフィックな特質）の変化だけではないということである。

第 9 章
外国の職業人材育成の歴史

1 職業教育は教育の基本の一つ

　最近，キャリア教育，とくに職業教育の大切さを説く議論が復活している。しかし，教育者，教育学者のうちには職業教育を軽視，さらには蔑視しているかのような者もいる。実際，そういう者が多かったので，これまでは職業教育，産業訓練が学校教育において重視されてこなかったのであろう。私のように職業への人材育成を人材育成のもっとも重要な柱だと考えている者は，今でも少数派であろう。しかし，職業につく必要のない特別の人はいざ知らず，職業教育は本来ずっと大切であり続けたことを主張するために，人材育成の歴史を振り返ろう。ただし，冒頭でふれたように，私の議論はできるだけ経営組織内の人材育成に限定していくことにする。

　経営危機に瀕したクライスラーを救ったとされる会長，アイアコッカはかつてこう言った。

　　仲のよい家族からどれだけ力づけられるか，私は学んだ。逆境の日々も，やり続けることを私は学んだ。自分の世界がばらばらになってしまったときですら絶望はしないことを私は学んだ。タダ飯など喰えないことを私は学んだ。そして私はハードワークの価値を学んだ。結局のところ，われわれは生産的でなければならない。そのおかげでこの国は偉大になった。そのおかげでわれわれはもう一度偉大にならねばならない。[154]

　かつては，ハードワークは当たり前であり，ハードワークによって人は飯を

食い，家族を食わせてきた。私は何も労働条件が厳しいほど良いと言っているのではない。しかし，厳しい職業の世界を知らず，それどころか職業そのものの価値まで否定するような教育が蔓延し，それで育成された人材によって社会が繁栄するとすれば，そのような社会はおそらく異常であろう。職業訓練の意義について改めて説明しなければならない社会も，これまた異常であろう。しかし，日本の教育界はその異常な社会そのものであろうから，改めて説くのである。

　仕事をするためには技能を習得していなければならない。したがって，どういう仕事でも，それを身につける訓練はあっただろう。たとえば，ミラーは，紀元前3500年頃の古代メソポタミアのシュメール帝国の煉瓦造り宮殿の壮大さも多数の石工や煉瓦工の訓練なしにはありえなかったし，さらにさかのぼれば，洞窟に描かれた壁画すら職業訓練用に使われた可能性があるとしている。[155]

　経営学などの「実学」とは無縁に見える孔子だって，職業教育をして生活をしていた。

　　礼というものが，時代の経過とともにだんだん複雑になってきて，礼によく通じた人がありますと，それほど身分の高くない人でも政府に用いられて，俸給をもらうことができるようになりました。丁度そういう時代に孔子が出て，礼の先生として弟子を養ったので，弟子が礼を習うのは就職の便宜のためであります。[156]

　仕事をする場合には，組織のリーダーは昔から成員を訓練してきた。たとえば官僚機構を発達させていた古代エジプトでは，書記は帝王，神官，貴族に次ぐ地位で，商工業者より上の地位にあり，さまざまな仕事をする（記録を作る，報告書その他の資料を作成する，教師や図書館員となる，医学書，科学書を著す）能力を持つことが必要であった。書記になるためには書記学校に行って，そこで良い成績を上げねばならなかった。[157]

　古代ローマも，むろん戦争という，企業間競争のような甘いものではない争いに勝ち続けるために兵士を訓練してきた。①全装備を持ち30キロ行進，月3回，②投石・水泳・乗馬の訓練，③木の剣を使った戦闘訓練，④幅跳び・高

跳び，⑤完全武装で塀などを乗り越える訓練，⑥一日1回（新入兵は2回）の整列訓練（ドリル）。「ゆとり教育」などをやっていれば，皆殺しにあっていたことであろう。

このように軍隊や官僚組織では，古くから訓練があった。また宗教組織（教会）は古くから知識人の集まりであり，読書や書記の訓練を行ってきた。そもそも事務員を意味するclerkという言葉は，教会と縁がある。clericという言葉を不明瞭に発音したところから生まれたが，clericとは聖職者である。ヘブライ語のKatrielにあたる。英語でclerkが最初に使われたのは，11世紀だ。チョーサーの『カンタベリー物語』に「クラークの話」(The Clark's Tale) がある (1386年)。ここでは学者の意味である。序文で，「そのクラークはオックスフォード出でもあって，そこで論理学をずっと前に学んだが……」とある。職業教育を軽蔑する学者でさえ，長く徹底的な職業訓練を積んで初めて生まれるのである。

2 徒弟制度による職人育成の時代

師弟関係による育成

しかし，以上は，営利企業の職業訓練の歴史ではない。民間企業（商工業など）ではどうだったろうか。商工業が小規模零細の事業体である時代，訓練は多くは親方が徒弟を（親が子供を）そばにおいて見習わせながら育てるものであった。したがって，次のような言い方をしている人がいる。「手仕事（クラフト）時代の労働者は，公式の教育を必要としなかった。彼は単に手仕事の中で〈育った〉のである」。

しかし，教育が公式化（フォーマライゼーション）されていなくとも「単に育った」というのは言い過ぎであり，やはり育てる仕組みはあったろう。

概して，長い間，手仕事の職業訓練，産業訓練は，徒弟制（アプレンティスシップ）によって行われてきた（経済によって歴史は違う。ここでは英国の場合であるが，日本のあれこれの世界でもいまだ当てはまる場合がある。歴史を振り返ることは過去だけを見ているのではない）。アプレンティス (apprentice：徒弟，見習い) を終えると職人になるが，まだ親方の家に住んで働く。給金を貰うように

なり，それを貯めて道具を買うことも許される。職人をいう英語は，実はこの給金の支払い形態からきている。journeyman（職人）という英語は，journey（旅）とは何の関係もない。フランス語でいう à la journée（日当で）働く者から来ているからである。フランス語で日当で働く人は journallier で，ドイツ語のTägelöhner に相当する$^{(162)}$。

　職人がさらに訓練を積むと，親方になるための試験を受けることができる。親方になると，自分だけの仕事場を持てる。しかし，親方になるために必要な設備機械がだんだん増え，資金が必要になると，職人の独立が難しくなり，やむなく彼らは，親方の組織（ギルド）とは別の組織，yoemanry guilds を組織するようになった。それは労働組合の一つの源流である。

　徒弟の育て方については，公定の教科書こそなかったものの，親方はちゃんと教えねばならなかったから，単に育ったというのは，もう一度言うが，言い過ぎで，人材育成はしていたのである。なぜなら第一に，教えることがカネと引き替えであった。スチュアート時代のイギリスで，親方は親から一人50ポンドもとって，徒弟を5年から8年預かった。ただし，彼らは10人も徒弟を預かって，自分の好きなように使い，多くは逃げ出したが，謝金は返金されないことになっていたので，親方は儲かったのである$^{(163)}$。これはちょうど，学生からカネをとって教える以上，大学はちゃんと教える義務があるはずだが，教え方が下手なために学生は授業に出てこない，ゆえに大学は儲かる，というのと同じである。

　第二に，ちゃんと教えれば，職人がいい仕事をして，その成果を親方が得ることができた。徒弟の修業の後期に入ると，徒弟がかなりの生産性を上げるようになる。が，本人に払うのは安い手当だけだから，利益が上がった$^{(164)}$。インターンの医者を大学病院がこき使ったり，教授がプロジェクトを請け負って大学院生をこき使うのと同じであろう。第三に，教え方が下手だと言いふらされることは，親方の恥と考えられた。今でも，中途採用で人をとって元の企業の人材育成の下手を知る企業は多いであろう。が，このような恥の意識は，なくなってしまっているのであろう。

社会的規範の母胎としての職人社会

　個々の親方が教えるほかに，親方たちの組合も，徒弟たちの育成に参加した。職人たちの組合も，作業時間，道具，価格，賃金などを規制し，業界標準を定め，それを守らない者を排除した。業界の組合が作る標準＝ルールの策定は，人材育成にとって重要なこととなる。何をどう教えるべきかが標準化されており，教える者の恣意に任されないという原則がそこに生まれているからである。

　人材が育成されたかどうかという判定基準は，狭義の技能にとどまらなかった。国家機関も，古くから徒弟訓練を規制してきた（たとえば紀元前1800年頃，バビロニアの「正義の神」の神殿に置かれたハムラビ法典には，徒弟訓練のあり方まで定められている[165]）。さらに，しばしば「礼儀作法」まで問題にした。イギリスのエリザベスⅠ世の時代，10代の徒弟たちは，しばしばギャングとなり，町の問題児だった（ばくち，淫乱，大騒ぎ，街頭での楽器演奏）。「徒弟は街頭で昼夜を問わず音楽を演じてはならない。徒弟は悪漢のように髪を長くしたり髪で耳を覆ってはならない」（1603年）とのお触れが出た。髪を長くすると，どういう罰が待っているか。桶を頭からかぶせられて，その縁にそって髪を刈り取られてしまうのである。そして10日間，監獄へ放り込まれる。1554年には徒弟はカード遊びをしたり飲酒をしたり，手当たり次第に女に抱きついたりしてはいけなかった。シルクでふちどりした服を着てはならず，ひげをたくわえてはならず，短剣を帯びてはならなかった[166]。若者の無礼・無作法をほとんど取り締まらない今の日本などは，当時の徒弟には天国と見えるに違いない。

　しかし，いったん社会的規範に従えば，職人たちにも利益があったのである。職業区分が細分化されていて，容易に他からの参入がなく，その職業の価値が高く，腕を磨くことで高い報酬が期待できた場合，その狭い世界の掟に従おうというインセンティブがあった。また経済的利益を超えた心理的自我＝職業一体感があった。「私の職業はこの職業だ」という意識が労働者にきわめて強かった。手仕事へのアイデンティティ（自分はこれだとの一体感）[167]は，職業世襲制にも支えられていた。

　使用者に仲間がある時代には，使用者は企業間を移りうる者の技能訓練にも投資をした[168]。それもあって職人はしばしば旅をして腕を磨いた。中世ドイツの会計士は，ヴェネチアなどイタリアに修業に出かけて，算術を習い，簿記を習

って帰ってきた。明治のころの指物師について,「当時の職人は『西行』と称して旅に出て腕をみがいた。……(職人の家である)千代作の家にも旅の職人がわらじをぬいだ。仕事はいくらでもあるから,期せずして職人の腕くらべになることが」あったと書かれている。西行は言うまでもなく半生を旅に捧げた歌人で,それに自らをたとえた職人はなかなかの通人だったのである。

3 徒弟制から集合教育へ

大量生産と専門分化の時代

徒弟制がうまくいくには,いくつかの要因が必要だろう。①労働市場が安定している,すなわち景気が安定していて徒弟の過剰供給や過少供給になるようなことがない。②社会が安定していて徒弟が世代ごとに繰り返しちゃんと育てられる。③技術が安定しているか,ゆっくりと変化するので,技能が有効であり続ける。④教える側になれる熟練者が,教わりたいとする側に見合った数だけちゃんといる。このような場合には,今でも,徒弟制が生きている産業はある。しかし,産業革命によって,これらは大きく崩れた。さらに技術の変化により仕事の組織が大きく変わってしまい,職業訓練のあり方は変わった。最終製品を一人で仕上げる親方になる訓練から,ある部分工程に専門化して熟練を積まないと仕事ができないように労働が高度化しつつ専門化したので,そのような専門家を育てる必要がそれぞれの専門業界内に出てきた。また家族内や零細工場・商店経営内の仕事から,多人数を抱えた大規模組織での仕事に変わっていった。

使用者の所有する建屋のもとに労働者を集めることによって,労働の監督,統制のありかたに大きな変更を行ったことが,工業成長に大きな貢献をした。この,大量に集まった労働力の統制(control)に重要だったのは,標準(standards)と業績(performance)という考え方だった。業績を測定し,標準を定め,標準を達成するように仕事の仕組みを作り,その仕組みに沿って動くように技能を育てるだけでなく,日常の技能発揮の行動を統制する,科学的な労務管理が誕生してきたのであり,その考え方に立った人材育成(企業内教育)が生ま

れてきたのである（フレデリック・テーラーによる科学的管理の唱導とその知識や技法の体系化・普及には，さらに100年ほどの歳月が必要であった）。

実業学校の登場

既存の学校は，今と同じで，実業界に生じたことを理解できなかったし，また実業界との協力を，これまた今と同じように，しばしば拒んだ。そこで企業がスポンサーとなった夜学（イブニング・コース）がまず生まれて，それが，やがてのちに，既存の大学とは別にフルタイムのカレッジに成長していった。[175] 今日では総合大学として有名になっているものも，もともとは職業訓練の場が原姿であることがある。こうした職業訓練校は，[176] 産業革命，工業化，先進産業国の成立に大活躍した。

19世紀の半ば，アメリカの各地にも，私立・公立の夜学の訓練校が多数，誕生した。1862年，庶民の勉学を支援しようと，ランド・グラント法が成立し，リンカーン大統領が署名した。アメリカの訓練校は，作業訓練校（manual training schools）と呼ばれ，1825年ごろからできる。しかし，そうした訓練校への入学は，ときに懲罰を受ける意味があった。いわゆる州立訓練校は，しばしば「悪ガキ」（bad boys）の監獄だったのである。訓練校が「落伍者」の一時収容施設と化すことは，アメリカだけのことではない。その結果，訓練校の社会的威信は低くなることがある。しかし，金銭授与によらず技能付与によって「落伍者」の「社会復帰」をはかろうという基本理念はおおむね正しかったという意見に，著者も賛成である。[177] 今日，日本でブームの「キャリア教育」にも，一部にはそういう役割があることは否定できない。

アメリカではYMCAも職業訓練のためのさまざまなコースを用意した。訓練技法が，さまざまな実験を伴い，開発されていった。通信教育もすでに第一次大戦前から始まる。しかし，労働者の職業訓練の機会として，効果が一番あったのは企業内訓練（社内教育）ではなかったかと思われる。アメリカでは1872年，ニューヨーク市の印刷機械メーカー，ヒュー・アンド・カンパニーを皮切りに，ウエスチング・ハウス，ジェネラル・エレクトリック・カンパニー，ボールドウィン・ロコモーティブ・ワークス，インターナショナル・ハーベスト・カンパニー，ウエスタン・エレクトリック，グッドイヤー，フォード，

ナショナル・キャッシュ・レジスターなどが企業内学校を作っていく。

4 専門団体の成立と訓練技法の開発

アメリカでは，100年ほど前から，職業教育に携わる人々の団体が生まれる[178][179]。それらの団体の課題としたものは，今日で言う「キャリア教育」に相当するであろうと思われる。

1906年，事業主を中心にして全米産業教育推進協会（National Society for the Promotion of Industrial Education）が生まれる[180]。のちに，全米職業教育協会（The National Society for Vocational Education）となり，さらにのちに全米職業協会（The American Vocational Association）となって，5万5000人の教員や管理職等を組織している．

1913年，学校関係者を中心にして全米企業校協会（The National Association of Corporation Schools）[181]が生まれ，のちに全米企業内訓練協会（The National Association of Corporation Training）となり，さらに全米人事管理協会（The National Personnel Association）を経て，今日のアメリカ経営協会（The American Management Association）となる。この協会は，今日，アメリカ企業の人材育成に関わる実務書を数多く出版している。

1913年，全米職業指導協会（The National Vocational Guidance Association）が生まれ，のちに全米人事管理・進路指導協会（The American Personnel and Guidance Association）となる。

このころは，フォードによる大量生産技法の自動車製造への応用がめざましい効果を発揮し始めるころであり，急成長してきた大企業にあって従業員を直接監督する職長（作業長）たちに，部下の教育（人材育成）に熱を入れる者が増加してきた[182]。アメリカに1925年に生まれた全米職長協会（The National Association of Foremen）は，その大会のテーマにしばしば教育訓練を取り上げた。この団体はのちに全米経営管理者協会（The National Management Association）へと発展する。

1940年代，全米訓練・開発協会（The American Society for Training and Development）が生まれる。

　大企業の発達の他に，産業内人材育成の動きを強める要因になったのは二度の世界大戦である。戦争による労働力不足の中で，労働力の早期育成のために産業訓練が普及し，また技法の開発が進み，訓練担当者の専門職化がおこった。第一次大戦は，また政府による現場での訓練への助成に拍車をかけた。とりわけ造船業では，職場内訓練が強調された。軍需造船プログラムの長であったチャールズ・R. アレンは，職場内訓練における 4 段階モデル（"show, tell, do, and check"）の重要性を強調した[183]。

　第二次大戦に入ると，アメリカでは企業内人材育成実務担当者の地位が上がり，職業訓練専門職となる[184]。第一線監督者の役割としても部下育成に注目が集まる。熟練労働者が不足し，女性や若者，障害者などが現場に一斉に入ってきたためでもある[185]。訓練課長とか教育部長（Training Manager）という肩書きが現われる。教育訓練専門の業者が成長し，訓練技法が多数，開発されてゆく。

5　TWI, JIT, OD, TQM

経営組織内人材育成技法の体系化

　第二次大戦中のエルトン・メイヨーらの「人間関係学派」の研究などを参考にしながら，1940 年に全国防衛顧問会議は，産業内訓練課（The Training Within Industry Service : TWI）を設立した。1942 年，この課は，戦時労働力委員会に統合され，その訓練室の指揮下におかれ，「産業内訓練制度」（The Training Within Industry Program : TWI）を実施した[186]。TWI は，後でみるが，日本の戦後の製造業の人材育成にとって大きな役割を果たしたと言えるものである。人を訓練する前にまず訓練者を訓練せよ，そのためには訓練者を訓練する者を育成せよという方針によって 2 万 3000 人の指導者が育てられ，1 万 6000 の工場・事業所・労働組合で実施したプログラムによって，およそ 200 万人の作業長が教育されたとされる。

　軍需物資を生産する政府の工場では，監督者に職務教育訓練（Job Instruction Training : JIT）が行われた。このために，「訓練担当者訓練所」（Train the Trainer

Institutes）が全米の至るところに設けられ，3日間プログラム（のちに45時間プログラム）で一時に15から30人の訓練担当者を訓練した。そのプログラムでは，直接の訓練技法だけでなく，上司と部下との人間関係に関わるさまざまな問題から仕事の遂行の仕方の合理的決定法などさまざまなことが教えられた。JITの中から副産物として次のようなものが生まれた。⁽¹⁸⁷⁾ JRT（Job Relations Traini：職場内人間関係訓練），JMT（Job Methods Training：職務遂行技法訓練），JST（Job Safety Training：職場内災害防止訓練）。

　これらの訓練技法の伝授・普及は，職場における監督の部下観の変容を迫る努力と並行して行われた。心理の理解を深めさせることによって，監督はより注意深く行わねばならぬもの，強制のより少ないものになっていく⁽¹⁸⁸⁾。第二次大戦後，クルト・レヴィンが主導して全米訓練研究所（The National Training Laboratories）が設立された。そこから職場集団内の心理的葛藤や力関係への研究や，提言が生まれ⁽¹⁸⁹⁾，「人間関係」志向の経営学の流行の一源流となった⁽¹⁹⁰⁾。

職業教育の普及と焦点の拡散

　1960年代，「豊かな社会」に取り残された失業者の救済のためにジョンソン大統領は「労働力開発・訓練法」（The Manpower Development and Training Act：MDTA）に署名した。とりわけ長期失業中の若者の訓練のために，「職業訓練団」（The Job Corps）が組織されたが，これは先に見たような矯正ないし「脱落者救済」型の訓練校となりがちであった。このような動きには先例があり，1930年代の恐慌・長期不況時代に経営者は企業内教育への関心を薄れさせたが，他方で公権力による失業者救済のための職業訓練（「授産事業」）が多数，行われていた。産業教育や技能学習への関心が庶民に広がった。これも昨今の日本の状況と似ているところがある。

　戦後の経済繁栄と製造業におけるホワイトカラーの増加，また商サービス業の成長により，企業内人材育成担当者の関心は，製造現場作業者の技能訓練から，それ以外の人々の能力開発へと移っていった。営業職教育への関心が生まれた。すでに第一次大戦後の繁栄期にも，アメリカでは家電製品の普及でセールスに当たる人々の教育が行われていた。第二次大戦後の1970年代には，個人の成長を支える組織全体の開発が重要だとの認識が広がり，OD

（Organizational Development）という言葉が生まれる。さしあたり必要な職務のための技能の訓練だけでなく，個人の能力基盤を拡充させておくべきだとの問題意識も成長してゆく。個人個人の能力開発の必要性の意識は，1970年代後半から80年代にかけての「行動のモデル化」へとつながり，組織全体の開発という問題意識は，1980年代以後の「全面的品質管理」（Total Quality Management : TQM）運動へつながっていく。

　以上，大企業での企業内教育の動きを駆け足でみてきた。しかし，徒弟制型の人材育成の世界が完全に滅びたわけではない。脱工業化時代の大企業組織の崩壊・起業家精神の復権は，一部で徒弟制による職人養成型の人材育成の独自の価値を認める動きでもある，イギリスでもしばしばそういうことがあった。もともと徒弟には，当該企業か同一職業に働いている者の家族や親戚が多いから、職業への一体感を持ちやすい。徒弟には自分たちは（他の職業を選んだ者とは）別物だという意識が強い。特に熟練職の，他の（容易な）職とは違うんだという意識は，各種のインタビューで証言として確かめられている。このような職業への誇りをもつ人材は，今日の経営でも育成目標の一つであろう。

第 *10* 章
日本の職業人材育成の歴史

1 「殖産興業」「実業」のための人材育成

先進国化を支えた産業訓練

　日本の職業教育も長い歴史を持っている。外国と同じで，軍隊，行政，僧侶の世界は，それがかなり体系的に行われてきた場であろう。しかし日本の教育史や学校史については専門書が多数あるので，主として明治以後の商工サービス業の人材育成に議論を限りたい。⁽¹⁹³⁾

　明治維新後，「殖産興業」の時代になる。「殖産興業」には，当然だが産業訓練がつきものであった。それまで自分で自分の所得を市場で稼ぐ訓練を受けたことがない武士も必死で勉強をした。実際は江戸時代から，かなりの武士が内職をして商品を市場で売るために努力していた。明治維新になっていきなり産業労働の必要性に目覚めたというのはやや誇張である。

　　佐倉藩とクツ製造──明治維新後に，各旧藩は，あらたな活路を模索したが，佐倉藩では，そのまま知事に横すべりした堀田正倫が顧問役の西村茂樹と相談して，旧士族にあたらしい職業をあたえるための職業訓練所をかねた工場をつくることにした。この施設は佐倉相済社と呼ばれ，もとの武道場を改造したものであったという。ここでの職業訓練の中心になったのは製靴であって，訓練生はおよそ二〇〇名。たまたま西村茂樹の弟であった西村勝三が東京で製靴業をいとなんでいたことから，この新産業に目をつけたのである。勝三の工場から熟練工が来て相済社の指導をした。一日ひとりあたり一足ないし三足を仕上げて賃銀は三〇銭であった。相済社の

設立は明治二年秋だったが，ちょうどこのころ兵部省が新設され，兵部大輔の大村益次郎が西村に軍靴製造の必要を説いていったので，明治三年三月一五日に軍靴製造をはじめた。この日がのちに「靴の記念日」として制定されることになった。⁽¹⁹⁴⁾

官営工場や明治維新後できた民間大企業も，人材育成に熱心であった。明治32（1899）年には長崎造船所の三菱工業予備学校が，明治43（1910）年には八幡製鉄所の幼年職工養成所が開設されている。紡績会社では，女工に対する補習教育施設をおくことが明治30年代には一般的になっていた。⁽¹⁹⁵⁾ 製造業のみならず，遊興サービス業も学校を設けた。

> 我国の遊廓に未だ芸娼妓等を薫陶する女学校の設あらざるを東京新吉原なる品川楼の主人は甚く歎の余り此頃試みに楼内へ私塾を開き教師は篠田正作と云ふを聘き専ら教育を授くるよし　元来此私塾を起せし主意は仮令今日は娼妓にして賤しき勤をすると雖も明日は人の妻ともなり又母ともなりぬべし其時に方り愛児を教ふるに相当の学問無ては適はず古語にも母の膺は教の机とも云ば今より裁縫の道は更にも云ず子を教ふるの道且人を使の道に至るまで弁へ置ずばならず夫のみならず世間の交際より夫の不在中商法の応接日々の経済法其他礼義作法等知ずんば人の妻とも子の母ともなる能はず将亦身の玉輿も願はれねば可成的此意を弁へ課業に勉強すべし勉強の功に依ては試験の上等級を付し優等の者には賞品をも与ふべしとの事なりと果して斯の如くなれば主人の芳志賞すべき也。（『朝日新聞』明治18年4月14日）

戦前の小説やエッセイなどを気をつけて読んでいると，日本の企業の教育熱心ぶりを示す例が散見される。

昭和の初期のことを書いた井伏によると，⁽¹⁹⁶⁾ 鉄道の改札係は少年で（「少年改札係」と言う），彼らは英語などを勉強して「岩倉鉄道学校」へ入学するための試験を受ける。入学率がいちばんいいのが阿佐ケ谷駅の改札係だと

か……。

実業教育当然の時代

　戦前は，公教育でも大学進学教育などは例外で，実業教育が主流であった。実業教育は，戦後，アメリカ政府の教育使節団が日本の教育について報告書を出し，それの翻訳の際に Vocational Education を職業教育と訳したことから，職業教育と呼ばれるようになるが，1952年以後は産業教育と呼ばれるようになる。どう呼んでもいいから，本書ではどちらも使う。

　工業学校は，職工より上の技手，助手および工場事務員を養成しようとした。職工向けには徒弟学校がおかれたが，これは失敗。工業専門学校も労働力不足の中で職工だけでなく技術者層を育てることになる。これは公教育の話だが，江戸時代から世界に類をみない「寺子屋」など民間教育ビジネスを普及させていた人材育成熱心なわが国では，明治から大正にかけても，多様な民間教育ビジネスが急成長する。教育をビジネスとしてはいけないと言う教育者が公教育部門にはいるようだが，すでに教育ビジネス化の歴史は着々と進んでいたと言ってよい。明治期には，工手学校・商工学校・鉱山学校・鉄道学校・電機学校・工学校などが現われ，大正末から昭和初期には，簿記学校・速記学校・商業学校・タイピスト学校・無線学校などが現われる。このように，時代の変化，産業の趨勢に合わせて，臨機応変に教育プログラムが提供されるのが民間教育ビジネスの特徴である。

　大正時代半ばから昭和初期にかけて，監督者訓練が盛んになる。協調会は各地で職長講習会を開く。アメリカの場合，監督者訓練は第二次大戦を契機に普及するが，日本では戦前から行われている。これは大工業の発展，組織の成長とともに現場技能者を監督する「役付工」を設けること（役付工制度）が増えたからでもある。その役付工の教育のいま一つの目的は，活発化してきた労働運動に対抗するためであった。

　前章でアメリカの場合を見たように，戦争は職業教育の普及を促した。国は基幹産業企業に企業内教育を義務づける。軍需産業の技能労働力を確保するため，技能者の企業内養成を義務づける「工場事業場技能者養成令」（昭和14年）が制定され，金属・機械器具工業，金属・石炭鉱業，化学工業の各分野で適用

されることになる。これが戦後の「職業訓練法」のなかでの，事業内職業訓練にかんする規定の前身にもなった。

昭和 10（1935）年，公共職業訓練が始まる。東京に府中機械工養成所が作られた。同 14（1939）年には，技能者訓練にあたる指導者養成にその目的が切り替えられ，機械技術員養成所となった。他方，全国 40 カ所に機械工訓育所（のちに機械工養成所と改称）が作られた。戦争中にさらに名称・機能を変えるが，失業者を訓練し再就職させる戦後の公共職業訓練の源基はここにもある。

2　技法の輸入から独自の体系化へ

訓練技法の輸入

第二次世界大戦後，アメリカから入ってきた監督者訓練を中心に，製造業での現場教育が行われる。昭和 25-26（1950-51）年以降，アメリカから導入した定型的訓練（企業を超えて通用するとされる，手法が定まっている訓練）が普及し始める。TWI（監督者訓練）や MTP（Management Training Program：管理者訓練）が普及した（後者は，もともと，アメリカ極東空軍基地のマネージャー養成のために開発された）。

さらに昭和 30（1955）年には日本生産性本部，日本産業訓練協会が設立され，アメリカに視察団を送り，さまざまな教育技法を輸入してくる。

政府も，戦後経済復興を担う産業人材の育成に向けて，いくつもの指針や宣言文を発表する。昭和 27（1952）年に「産業教育振興法」が策定された。このころは，学校は産業に従事する人を教育する場だという（それがすべてではないであろうが）常識ある認識も，政府や国民の多くにはあったと思われる。この「産業教育振興法」では，「産業教育」とは「中学校・高等学校・大学又は高等専門学校が生徒又は学生に対して，農業，工業，商業，水産業その他の産業に従事するために必要な知識，技能及び態度を習得させる目的をもって行う教育（家庭科教育を含む）をいう」としていたからである。しかしながら，「大学は実業（職業，産業）教育を行うところではない」という意識は，大学を特権階級のみに許された世界と見なす人々がいることから，その後も長く存在し続け

るのである。

体系化と日本的変容

1960年代に入ると，日米教育文化委員会は，労働力育成政策（マンパワー・ポリシー）を提言し，池田内閣は経済発展には人的能力開発が重要だと「人づくり政策」を提言した。

昭和40（1965-）年代の高度成長期には多種多様な教育訓練が行われるようになり，人材育成に熱心な日本の経営の「教育体系」が急速にできあがっていく。すなわち，

①現場生産工程の従事者やその監督だけでなく，すべての職種に広げて教育が行われるようになった。これを職能別教育という。
②新入社員，初任監督者，中堅社員，初任管理者，部長，取締役と，すべての職階に教育の対象を広げ，とりわけそれらへの昇格前後という，キャリアの節目節目に教育が行われるようになった。これを階層別教育という。
③教育技法に各社独自の工夫がされるようになった。昭和30年ごろから，各社の事情に応じた独自の訓練技法や体系の開発，実施が盛んになる。
④社内に「学校」（設備・カリキュラム・教員）を設けて，系統的な教育を行うようになる。共同印刷，石川島播磨重工業，ソニー，東京電力などで，社内に「企業高校」（名前は○○学園などさまざまであった）が作られた（最近では「社内大学」を作る動きが盛んである）。

　昭和34年，日立製作所は教育綱領を定め，従来，事業所単位で行っていた高校卒業者への教育の体系化を行った。これは，実習員教育と呼ばれ，年間160時間以上，2年間にわたって，基礎学科（数学，物理，化学，英語，法律，経済など）の教育を行わんとしたものである。この様に，日立製作所が体系化した教育は，いわゆる技能教育の範囲を超えるものであり，おりからの技術革新に対応できる理論的な知識教育を現場労働者にたいして行わんとしたものである。これは現場技能者のレベルを上げるだけでなく，より高学歴の技術者の不足を補うとい

う利点も持っていた。同社では，さらに現場からの技術者養成を進めるため，翌年には日立工業専門学校（茨城県日立地区の日立茨城工業専門学校，及び京浜地区の日立京浜工業専門学校）を設け，前者の教育の終了者の中から更に選りすぐって1年3ヵ月にわたり，2400時間の教育を行おうというものである。その密度は大学に近いもの，いや全寮制を採ってみっちりと教える点でも大学以上と言っていいものであり，科目も機械工学，化学工学，電気工学，金属工学，電子工学，管理工学，と専門性を強化したものであった。呉羽化学では，入社2年目から課長クラスになるまでの，ほぼ10年間，技術系社員に毎年1回，所属長と相談の上，テーマを決めさせて論文提出をさせ，それを役員などからなる審査会にかける。日立造船でも，入社後1年以後，課長になるまでの技術系全社員に2年単位で研究成果を発表させている。(199)

⑤社内教育スタッフや，その部門によって外部から調達された社外講師による教育にのみ頼らず，職場で先輩が後輩に教えるという世代間教育，次世代の早期統合，社会化・同質化という考え方が重視される。たとえば先輩社員を兄や姉に見立てるブラザー制度，シスター制度というものが導入される。
⑥職場小集団ぐるみで，作業や品質改善活動を兼ねて相互に教えあう，学びあうという体質ができあがっていく（先に人材育成におけるチームワークの重要性を指摘したが，アメリカの経営がチームワークを奨励する以前に，日本はそれを重視していた）。
⑦従業員個々人の自己啓発が強く期待されるが，同時に，自己啓発に任せるのではなく，それを支援する制度があれこれと工夫される。

社内教育の普及を促した要因としては，次の4点が考えられるであろう。(200)
①急速な技術革新による従来の技能の陳腐化。新技術，新技能教育の必要性。
②急激な経済発展による労働力不足（とりわけ若年労働力不足）。労働力の早期戦力化の必要性。
③産業現場のニーズに対する学校教育の遅滞。企業の自助努力の必要性。

④教育を通じた技能の向上，生産性向上に対する，賃上げ・昇進等による企業からの報酬。労働者からの支持。

　このような社内教育の普及は，戦後，やはりアメリカから導入され，またそれを日本の現実に合うように改変した新人事労務管理諸制度の導入と軌を一にしていた。終戦直後には，ハーバード大学の研究者たちが開発した「人間関係」（ヒューマン・リレーションズ）重視の考え方に基づくいくつかの制度が入ってくる。社内報，提案制度，職場懇談会，自己申告制度，面接制度，労使協議制などである。1960年代からは従業員の「働きがい」や「生きがい」に関する議論が盛んにされ，「余暇管理」や「福利厚生」に力が入れられる。1970年代には年功序列に代わって「能力主義」が提案される。が，同時に，個人差を強調しすぎず日本の「集団主義」を活かしていくことも重視され続ける。みなが教育を受け学習をして「少数精鋭」になることが提案される。「一人一人の能力を最高に開発し，最大に活用し，かつ学歴や年齢・勤続年数にとらわれない能力発揮に応じた真の意味における平等な処遇を行うことによって意欲の喚起を重視し，もって，少数精鋭主義を目指す人事労務管理」を日本経営者団体連盟は「能力主義管理」と名付けたのである。[201]

第 *11* 章
現代の経営組織と人材育成

1 経営戦略と人的資源管理の課題

経営課題変化のなかの人材育成

　民間企業は，多くの場合，競争のただ中にある。その競争に立ち向かう戦略によって人の管理のあり方を変えるべきだと主張する「戦略人事論」が盛んに言われるようになっている。実際，最近，人の管理のあり方は，急変している。短期に業績を上げない者は切り捨てよ，という掛け声が強まっている。とはいえ，多くの日本の企業には，人の育成にさまざまな形での投資を惜しまない姿勢が今まであったと思われる。

　第10章で「能力主義」を標榜した日本の経営者層の動向を見たが，その後の20年間に，日本の主要企業の経営戦略がどう変わってきたであろうか。それを日本産業訓練協会等の四つの調査結果から見ることにしよう。この四つの調査は1985年[202]，1989年[203]，1994年[204]，2000年[205]に実施されたもので，すべての調査項目が同じというわけではないが，日本の主力企業の経営課題などを時系列で追うことができる。

　次に掲げる表1からわかることは，つぎのようなことであろう。

　①日本の主要企業の人事担当者は，時代が変わっても，それぞれの時代にあわせた従業員の能力構造改革と質的向上に心を配り続けてきた。
　②企業はまた，新製品・新サービスの開発につねに関心を払い続けてきた。それと同時に，既存製品・既存サービスの高度化・高品質化にも努力をしている。「本業回帰」の傾向すら見られる。
　③長期不況の中で，新規事業への進出，経営の多角化，事業構造の変換が

急がれている。その用具としても用いられるであろうが，企業内情報の強化・システムの高度化も，経営課題であり続けている。

④組織の簡素化・要員合理化，間接部門の合理化などを課題とする企業は，不況突入とともに急増した。が，不況の長期化とともに「リストラ」とも称されるこのような策はやや後退し，個々の事業体それぞれの減量，スリム化よりも，分社したり提携したりすることで生まれた多くの企業，事業体の連携の力によって総合的に利益を生む，組織ネットワークの構築を志向する企業が増えている。

表1　日本の主要企業の経営上の重点課題（複数回答）と，その変化　　　　　　（単位：％）
（ほぼ同等の内容ある場合には，多少の表現の違いは無視した。－は，該当選択肢がその調査にない場合である）

	2000年 長期不況 「IT革命」	1994年 バブル崩壊 不況突入	1989年 経済の バブル化	1985年 高度成長 労働力不足
1　従業員の能力構造改革と質的向上	57.1	66.0	67.2	－
2　新製品・新サービスの開発	50.2	55.2	52.9	63.8
3　既存製品・既存サービスの高度化・高品質化	44.8 ↓	54.5	49.8	45.0
4　企業内情報の強化，システムの高度化	41.9	44.4	43.2	－
5　新規事業への進出，経営の多角化，事業構造の変換	41.9 ↑	25.8	30.7	－
6　組織の簡素化，要員合理化	40.4 ↓	52.4	22.4	29.7
7　IT革命への対応	39.4			
8　販売網拡充，営業力強化	38.4 ↓	60.0	62.7	72.8
9　間接部門の合理化	38.4 ↓	59.4	30.2	－
10　生産部門の合理化	38.4	38.0	34.1	－
11　企業グループ経営の展開，企業集団の連携	37.9 ↑	26.4	22.6	32.4
12　企業文化の確立，経営風土の刷新	31.5	29.6	32.6	－
13　市場志向型経営の徹底	26.1 ↓	42.1	33.0	－
14　中長期経営計画の策定	25.1 ↓	35.7	43.0	－
15　企業戦略の策定・明確化	23.6 ↓	34.3	40.3	－
16　連結決算	22.7	－	－	－
17　研究開発部門の強化	21.7 ↓	35.7	40.7	43.1
18　経営の多国籍化・国際化	19.7	17.6	17.4	19.4
19　エリートの選抜と育成	11.3	12.3	9.1	－
20　企業間情報ネットワークの強化	10.3	11.6	13.8	－
21　新規事業向けの人的資源の確保	8.9	13.3	29.7	－
22　大企業病の克服	5.4	16.3	8.1	－
23　生産設備の海外移転	3.9	9.3	1.9	－
24　他社との合併	3.0	－	－	－
25　その他	1.5	1.5	0.3	1.1

人事管理変化の中の人材育成

　以上のような経営戦略の変化の中で，企業の人事管理は，いったいどう変わってきているのだろうか．表2を見ると，つぎのようなことが読み取れるようだ．

　①今までと変わらず重視され続けていることは，人事処遇の能力主義化である．民間の主要企業は，昭和50年代からずっと続けて，能力主義管理のため各種の手を打ち続けている．その結果が十分に出なかったことはあるであろう．が，俗論のように，日本の企業が今まで学歴・勤続年功主義だけで人事処遇を行ってきたかのように言うことは，間違いである．

　②民間企業で目立ってきているのは，専門性に優れた人材の中途採用の動きである（もっとも，日本の企業がずっと新卒採用だけできたというのは極論である）．ある領域では，社内の人材が育つのを待っていては環境対

表2　人事管理上の重点課題（複数回答）とその変化　　　　　　　　　　　　　　　（単位：％）

順位	人事管理上の重点課題	2000年	1994年	1989年	1985年
1	人事処遇の能力主義化	63.5	66.8	49.8	78.9
2	管理職の意識改革・啓発	59.6 ↓	71.2	67.5	—
3	賃金制度の見直し	45.3	—	—	—
4	従業員の価値観・意識の多様化への対応	33.3	36.2	36.0	—
5	中高年従業員の活用	31.0 ↓	40.4	31.8	42.4
6	従業員過剰への対応	30.5	28.5	—	—
7	課制廃止など組織の簡素化・フラット化	28.6 ↑	20.9	5.5	—
	機動的なローテーション	28.6	—	—	—
8	パート・アルバイトの活用	26.6	20.3	33.4	—
9	企業の国際化への対応	23.2	24.7	20.9	—
10	福利厚生の見直し	20.7	—	—	—
11	高度専門能力を持つ人の中途採用	20.7 ↑	7.8	27.9	—
12	新事業への人材配置転換（リストラ）	19.7	26.2	15.1	—
13	人事処遇における個別管理強化	17.7	25.8	20.0	—
14	エリートの選抜育成	15.3	11.6	5.8	—
15	技術者の確保・処遇改善	14.8	13.9	38.5	29.6
16	出向・転籍など企業グループ内における機動的な人材配置	10.3 ↓	30.0	15.4	—
17	専門職制度の本格化	9.9 ↓	20.5	5.5	29.6
18	労使関係安定施策の見直し	6.4	—	—	—
19	従業員不足への対応	4.9	17.5	64.9	—
20	外国人の活用	3.9	3.6	4.9	—
21	その他	1.5	0.4	0.5	—

応に間に合わないということがある。また，社外の人材の導入は，組織に新風を吹き込み，刺激を与え，社員の中に自己啓発への競争心を刺激することがあるであろう。

③さらに，民間企業で一貫して増加している策は，組織の簡素化・フラット化（薄く，スリムな組織へ）である。いたずらに多い，複雑な階層区分を廃止し，上位職位者にピラミッドの上に登りおえたかのような「悠々自適」の感覚を持つことをなくさせ，管理者を現場により近づけ，職場間の垣根をなくすことである（ただ，そうした組織がたちまちのうちに再び複雑化し，肥大するのは世の通例である）。

④一方，採用が大きく減少した策は，中高年従業員の活用，専門職制度の本格導入，グループ企業内での移動などである。これはミドルやシルバーの労働者にとっては厳しい時代になったことを意味するであろう。とりわけ，リストラなどで社外排出されることなく残った者の「やる気」をそがないように，だが，「従来の延長のままではもう済まない」ということを彼らに自覚させるように行なわれる「管理職意識改革・啓発」は，民間企業における最重点課題の一つである。

2　逆境下のキャリア管理はキャリア自主管理意識の涵養へ

　最近数年での大きな変化の一つは，社員の能力開発と人事管理との連携が不十分だとの意見がかなり減っていることである。
　長期不況突入で「新人事管理制度」と呼ばれるものがずいぶん導入された。目標管理制度や自己申告制度，年俸制度，公募人事，キャリア面接などがその例である。たとえば，1995年時点で，ほぼ半数か，それ以上の企業が実施している能力開発諸制度には，上司によるキャリア面接・進路相談（48.0%）が入っている。部下のキャリアデザインへのアドバイスは，組織のリーダーの仕事の一部になってきている。リーダーは「コーチ」とか「メンター」にならねばならないという提案がされるようになっている。[206]
　不況の中で，すぐに役立たない，結果が出たのかどうか評価ができない，豪

華な設備の維持費用が無駄だ，その売却で赤字を埋めよう，など，さまざまな理由で集合教育（学校・教室・研修・セミナーの場に集めて教える教育）型の能力開発が後退気味であり，直属の上司による日々の育成に期待がかけられる。しかし，実際には，より少数でより多くの仕事をかたづけさせる現状では，そうした余裕は上司にはないであろう。そうした中で，人事諸制度を通じてなんとか人材育成をしようという意図が企業にはある。配置や昇進，評価や褒賞も人材育成の方法であるからである。

　新しい人事制度を導入しようという企業の動きは，この数年，さらに進んだようである（なかには効果のほどは知れない流行の技法を性急に導入した場合もあると思われる）。先の調査（最近時点）で見ると，今後，実施する予定の企業が4社に1社を超えている制度には，次のようなものがあった。

　　　能力データベースに力を入れた人事情報システム　　　45.5％
　　　制度化されたCDP（キャリアデベロップメントプログラム）　41.6
　　　挑戦性の生まれるように職務再設計　　　　　　　　40.6
　　　詳細な業務マニュアル化と学習度チェック　　　　　35.9
　　　公的資格による専門職優遇制度　　　　　　　　　　27.7
　　　上司によるキャリア面接・進路相談　　　　　　　　27.1
　　　全員の育成目標の文書化　　　　　　　　　　　　　26.4
　　　自分の力を申告させるための社内公募　　　　　　　25.2

これから見ると，一方で社員一人一人の個別性にいっそう配慮した，濃密なキャリア管理で，組織側の選別権の強化を指向するとともに，他方でその個人側の選択権をも高めようという指向が見えるであろう。

　不況に入って数年たった1994年の調査で見ると，不況によって余儀なくされた減量を，企業は従業員の能力育成にとってマイナスとばかりは必ずしも見ていない。「減量経営のため，一人で，従来より多くの職能をこなすことが求められるようになっている」（57.7％の企業が指摘）ので，少人数化は多能化（マルチ・スキリング）の機会でもある。また「不況や逆境，事業撤退や組織変化を体験することで，能力を伸ばすいい機会になる」と考えている企業が，44.6

％もあった。

　むろん，不況は，人材育成にいい影響を及ぼすばかりではなかろう。減量せざるをえない企業ほど，挑戦的な仕事が少なくなり，専門能力の伸びがなく，専門能力の陳腐化が生じているとしている。従業員に社外に活路を開かせようにも，転出先の要求と不適合であることがある。

　そこで企業は，従業員に自ら力をつけて企業内外に自らを売る努力を要求している。それはどのような力であろうか。それを「エンプロイヤビリティ」（Employability：雇ってもらえる力）と表現する議論がアメリカ発で流行となっている。[207]「おまえなら雇いたい」と今の使用者や将来の使用者に思われるだけの能力と態度を持っているべきだという議論である。ただし，その具体的な能力と態度が何であるかについては，確たる研究はない。場合場合で違うだろう，としか私には言えない。

　多少，きれいごとすぎる議論のように私には思えるが，民間企業は従業員に「自立」を期待している。その能力の育成は個人の責任だと言い切らず，企業側でも責任を分担しようという企業もでてきている。

3. 日本企業の人材育成と育成スタッフの課題

経営組織における人材育成企画担当者の悩み

　会社の人材育成の風土や条件を100点満点で採点すれば，自社は何点になると日本の企業は考えているであろうか。調査からみると，[208]平均点は59点である。社員が3000人を越える大企業では，さすがに65点をつけているものの，自信満々とは言えない状況にある。むろん，ある意味では，これは志の高さ，期待水準の高さの現われでもあろう。現状に満足しないことは，いいことなのである。

　能力開発体制にどういう問題があると考えて人材育成の風土や条件への評価を低くしているのであろうか。2回の調査を比べて検討してみると（表3），「能力開発効果の把握が難しい」という問題意識は，いわば教育の永遠の課題ともいうべきもので，この指摘率には変化がない。「仕事が忙しくて研修に参加できない人がいる」という指摘は，かなり少なくなっている。これは，前回の調

査が「バブル経済」の真っ盛りに行われたため，仕事が忙しすぎて研修に参加できない事情があったのであろう。しかしながら，不況に入った1995年にも，「仕事が忙しくて研修に参加できない人がいる」とする指摘が5割近い企業からあった。不況対策で，業務の質は変わっても，業務量は減っていない。むしろ人が減らされて，社員はかえって忙しくなっているのではないであろうか。

「能力開発スタッフの数が足らない」という意見は減っているが（それでも4割の回答があった），「専門家が足らない」という意見はかなり増えている。能力開発の専門化・高度化が進んでいることの現われであろう。

1990年代半ばのアンケート調査によると，今後の能力開発スタッフの任用方法として望ましい方法は「教育訓練の適正がある者を他部門から選んで配置」（現状で33.6％，今後は47.2％），「一部の人については教育訓練の専門家としての育成」（現状で14.2％，今後は36.4％）となっている。現状では「教育訓

表3　能力開発上の障害や問題点 　　　　　　　　　　　　　　　　（単位：％）

		1995年		1989年
1	能力開発の効果の把握が難しい	50.5	＞	49.2
2	仕事が忙しくて研修に参加できない人がいる	47.2	＜	63.8
3	能力開発の専門家が少ない	43.6	＞	11.9
4	能力開発スタッフが足りない	43.3	＜	61.0
5	管理者が自分の能力開発に対して積極的でない	36.4	＞	31.3
6	管理者が部下の能力開発に対して積極的でない	35.3		29.2
7	能力開発ニーズが多様化・細分化している	32.8		34.6
8	従業員が能力開発に対して意欲的でない	25.0		20.3
9	社内全体が自己啓発意欲に乏しい	29.4	＜	32.1
10	能力開発と人事管理との連携が十分でない	29.4		46.6
11	現場の能力開発ニーズを把握することが難しい	27.1		25.2
12	従業員の意識が変化し，休日や時間外の研修がやりにくくなってきている	22.6		
13	社内に適当な講師がいない	22.0		
14	能力開発予算が十分でない	21.4		20.5
15	従業員の価値観が多様化し以前のような教育がやりにくくなった	15.6		14.0
16	人材の質のばらつきが大きく，能力開発もうまくいかない	14.6		
17	多様な雇用・勤務形態の従業員が増え教育が難しくなっている	9.5	＜	18.2
18	能力開発に対するトップの理解・熱意が十分でない	9.3		8.3
19	職場長の理解・熱意が十分でない			14.9
20	能力開発部門に対する人事部門の理解・支援が十分でない	3.8		
21	社外に良い教育機関がない	3.0		5.2
22	社内の教育機関に関する情報が少ない	2.3		

練だけの専門家は育成していない」場合が多いが（46.1%），それでは駄目だとの認識が強くなっているのである。

いま一つ注目されることは，管理者の自分自身あるいは部下の能力開発への姿勢が消極的であることへのいらだちが，人材育成担当者には増加していることである。

専門分化と，それぞれの専門において要求される能力の高度化との中で，能力開発は集合よりも現場で行うOJTが基本とならざるをえないことを知りつつも，現場で行われている，自分たちの手の届かぬ教育に隔靴搔痒感をつのらせている教育スタッフの悩みが浮かび上がっている。

以上から考えると，能力開発に関わるスタッフの役割としては，どういうことが重視されてくるであろうか。

　①人事情報，とくに職歴の情報，そして，とくに職歴を通じて得た能力の情報，また，職歴の各段階で受けた教育の情報などを収集し，スキル・インベントリー（技能在庫）表とし，それを分析する能力を高めて，教育計画を提言する役割。

　②提言は，総合計画のトップマネジメントへのものだけではなかろう。各職場長や上司に，その配下の部下の能力の状況を適切に集計して示す，あるいは個別に示す情報源としての役割もある。

　③社員の個々人に，そのキャリアや能力育成のより自主的な設計を促すような情報提供を行うこと。たとえば愛知県に本拠をおく電気設備工事会社のユアテックでは，入社後5年までの社員全員に社内教育受講歴を含む社内経歴書をバインダーで綴じたものを一人一人に持たせて，配置換えのたびに上司に示し検討させている。こんど自分の部下になった者がどういう育ち方をしてきた者か，はっきりと文書で理解することで，次の育て方を考えることを，その上司に促すのである。むろん，本人もそのようなキャリアブックを持つことで，自己の能力伸張を常時チェックできるし，同僚同士のクロスチェックも可能になる。

また，職掌区分別人材育成部門スタッフが専門家として必要になる。むろん，能力開発スタッフに総合的な専門家を置くことが不可能だというのではない。ただ，たとえば創造的技術の重視のために研究技術者の育成に力を注ぐ企業は

製造業では当たり前であるが,「技術者の教育訓練は現場に任せている」との意見が多く,本社人事・教育部門では実態をよくつかんでいない懸念がある。そうなってしまう理由の一つは,「技術者出身の教育訓練スタッフがいる」とする企業が2割以下しかなかった事実にありそうだ。「技術者教育のための教育訓練スタッフが不足」しているとする企業が5割弱（いずれも能力開発が重要な技術者のいる企業での数字）もあるのだ。

教育の企画や講師スタッフがいなくても,現場教育ですべてすめばよい。が,「新事業分野の技術者に対する教育訓練の内容・方法が不十分」「基本的な教育訓練が不足のまま,研究開発の現場に配置」などの悩みは大きいことをみると,あまり楽観はできない。このことは,急速な国際化の中で海外派遣要員を出している企業でも同じ事情である。教育訓練不足のまま現地に送り込むことが多くなっている企業が6割もある。そういう教育を,ある程度,促成栽培的にやらざるをえない。だが「教育マニュアルや教材の整備が遅れている」企業が3社に1社あるのは,国際教育スタッフの数が不十分だからであろう。また,一方で事業再構築のために経営職の育成が急務としながら,他方では「マネジメント層教育のためのスタッフが不足している」とする企業が4割弱ある。

企業内人材育成の専門職は,これだけ多数ある大学・学部・学科のどこで養成しているのだろうか。学校での人材育成担当者養成学校など（教育系諸学科など）もこれほどあるのに。不審である。

効果と効率を問われる社員教育

現在,厳しい経済環境の中で,多くの企業では成果主義を標榜している。「成果の上がらぬ部門は切れ」という主張が,企業内の世論では力を持つようになっているであろう。そこで,「効果の測定が難しい」人材教育部門に高い給与を払ってまで専門家を置くほどの余裕がない,という議論がときに大勢を占める。しかし,日本の企業の強さは日本に多くあるといえる資源,すなわち人的資源の陶冶にあるはずであるから,学校教育側からの支援がなくとも教育スタッフの養成・充実が企業には望まれる。しかし,企業のトップにそうだと説得できるためには,教育部門のスタッフ側でも,自分たちに資源を振り向けろと社内各実力者に説得できるだけの力を持つ努力が必要である。黙っていても売

り上げに応じて教育予算が増えるのに安住してきた今までの社内教育部門では、駄目なのである。

　能力開発部門の重点業務の変化を見ると（表4），教育スタッフには，個人支援（自己啓発の促進），現場支援（現場の能力開発活動への援助・助言と教育訓練指導員の育成）の役割がいっそう求められている。また，能力開発状況の把握，評価の上にたった開発プログラムの整備も求められている。当たり前の業務と言えば当たり前だが，前の時代の調査から比べ指摘がかなり増えていることをみれば，教育スタッフの部署も，バブル経済期の豪華絢爛たる研修センターという建物や教育設備機器，高額の有名講師に依存していた時代を反省し，「当たり前のことをきちんとやる」原点に回帰したものと言えるであろう。

表4　能力開発部門の重点業務（比較可能なもののみ表示）　　　　　（単位：%）

	1995年		1989年
1　自己啓発の促進	65.1	>	43.3
2　能力開発計画・体系の整備	53.9		54.9
3　管理者・監督者の行うOJTへの援助・指導	47.1	>	37.2
4　能力開発プログラムの整備	45.9	>	28.6
5　能力開発ニーズの把握	39.7	<	53.6
6　社内の教育訓練の指導員の育成	34.9	>	29.4
7　能力開発実施状況や効果の測定・評価	30.2	>	17.9
8　各部門・事業所等の能力開発活動への援助・助言	28.8	>	20.8
9　各部門・事業所等の能力開発状況の把握	21.1		17.9

第 *12* 章
生産職・サービス職・専門職の人材育成

---

1 製造現場での品質管理と小集団活動

品質管理の歴史

　良い製品をつくることは，当たり前のことのように思える。しかし，良さ（quality）を生み出すプロセスをちゃんと管理して良い製品を作り，顧客に届けようとする人材の育成の方法は，長い年月を経て精錬されてきたものである。
　まず，アメリカでの経営における品質管理史を整理した研究者の著作を要約しよう。[209]

　①職人技自負の時代（製品を生産者自身で点検＝現場検査：inspecting-it-in）。この時代は，産業革命・科学的管理・大量生産の時代に入り，従業員が複雑となる製品のより小さい部分にだけ責任をとる工程になって幕を閉じることになった。

　②品質管理課・検査員による製品の質保証の時代。欠陥製品は反古にされ，製品を作っている従業員には欠陥に関する情報のフィードバックはなかった。品質のフィードバックがある場合には製造部門・品質管理課間の不仲につながった。

　③統計的工程分析の時代。シュワート著『製造品品質の経済的管理』[210]が，この時代の到来を告げた。製造過程で起きる品質のばらつきを検討し，製造過程を深く理解することによって，統計学者シュワート（Shewart）はウエスタン・エレクトリック社の品質を改善した。統計分析は，その後長く品質改善の基本となった。

　④品質軽視の時代。第二次世界大戦後の繁栄で，いわば作れば売れる時代

となった，たとえ品質を無視してでも。
⑤品質設計と作り込みの時代。合衆国が自国の市場に自足していた間に，日本はエドワード・デミングの考え方[211]を採用し，製造・管理プロセスを設計した。設計段階や工程での品質の作り込みの時代が始まっていたのである。この時代は，品質劣化に伴うコストを十分理解すること，組織全体で品質向上を行うこと，欠陥品ゼロ運動やQCサークルを導入すること，などを特徴とする。1970年代後期までにデミング，ジュランらの品質哲学が日本企業に成果をもたらし始め，自動車会社，電機会社は，より良い製品を合衆国の競争相手より安い価格で売った。
⑥戦略的管理の時代。多くのアメリカ企業で反省が始まった。アメリカ議会はマルコム゠ボールドリッジ全米品質賞（the MALCOLM BALDRIGE NATIONAL QUALITY AWARD）を設けた。

　第8章で議論したように，人材育成は教師対生徒の関係で行われるだけでなく，対等またはほぼ対等の集団の中でも行われる。経営組織においては，同世代や先輩後輩で構成される職場集団が人材育成の場となる学習集団でもある。その機能をいかんなく発揮したのが，戦後日本の製造業において品質向上や設備改善・稼働率向上・安全衛生などの問題を解決する集団を生んだ，職場小集団活動である（この運動の唱導者や産業，企業などによって名称は実際にはさまざまである）。従業員が集まって，共通の問題の解決策を議論しあう。それによって彼らの問題解決の姿勢や技法を訓練する手段ともなるので，教育訓練の技法としても使われてきている。

　典型的な例は，QCサークルである（英語ではQuality Circleとなる[212]）。ふつう，同じ職場に属する少人数の従業員が，自発的に集まって（実際には，自発的に集まるという建前を保ちつつ職場の長が強く勧奨したり，義務としている場合もある），定期的に，一般には時間外に，職場の職務遂行に関わる問題を議論し，原因を自ら調べ解決策を提案し（問題によっては技術部その他の助言を受けることがある），その権限を与えられている場合は対応策まで実施する[213]。

　品質サークルとは，その持ち場に影響する諸問題を解決するために定例的

に集まる従業員グループである。ふつう同じ持ち場からの 6 人から 12 人の参加者がサークルを構成する。メンバーは問題解決，統計的品質管理，そしてグループ・プロセスに関する訓練を受ける。品質サークルは，品質と生産性の諸問題に対する解決策を提唱する。その解決策を管理者側が実施に移すことがある。専門の訓練を受けた管理者がファシリテーター（推進者）となり，サークル・メンバーの訓練を助け，進行がスムースに運ぶように助力する。QC プログラムの典型的な目標は，品質管理，生産性向上，従業員計画である。サークルはふつう，月に 4 回，就業時間内に集まる。メンバーは表彰を受けることがあるが，金銭的報酬をえることはめったにない。[214]

人材育成装置となった品質管理

　QC サークルは，日本で初めて成功裏に活用された。[215] それを日本経済の成功要因の一つと考えたアメリカで，1980 年代に喧伝され，多くの会社でかなりの数の QC サークル活動が導入された。しかし，その多くは，アメリカでは衰退したか，あるいは活動停止状態となった。

　なぜ日本の職場内小集団活動がうまくいったのか。概して日本の労働者の高い教育水準（たとえば，「過剰教育」（overeducation）と非難されることもある，高度成長期に始まった高卒現場労働力投入），献身的な姿勢（コミットメント），集団志向の強さなどが指摘されている。

　QC サークルは，もの作りの現場での技能教育であると同時に，技能者に「消費者主権」を教える教育でもあったと思われる。品質とは生産者がこれが良いというものではない，「品質とは，お客さまが"これが品質だ"と言うものである」（Armand Feigenbaum）という考え方である。これは，生産工程のうちでも，お客様に近いところにいる者ほど，お客様の代表者であるという考え方をもたらした。「次工程はお客様」であると考えて，すべての工程が良い品質のものを作って次の工程＝お客様に届けようとする，そういう態度を育てる人材育成となったのである。

　生産工程で品質を管理するためには，検査の専門家が持っている知識・技法を学ばねばならない。生産工程の作業者であると同時に検査員であるというこ

とになるから，職務細分化が当たり前の経営組織とは違って，労働者の多能化 (multi-skilling)，「多能工」化をもたらすことになった。また問題を解決するために設備機器の保全作業にまで機械の操作員が参加することも多能化を進めることになる。前後工程のニーズを理解することも多能化を促進する。いくつかの職務を，日々，週ごと，月ごと，あるいは年によって，回って仕事をする，「回り仕事」も，そうである。

　このような多能化があれば，職務のくくりを大きくすることができる (broad banding)。また，職務のくくりを大きくしておけば，多能化は進みやすい。経営組織は必ず労働者を専門化し技能の幅を狭くしてしまうというのは間違いであり，そこには現場管理者の選択が働くのである。日本の多くの企業の選択は，いろいろな面で良い結果をもたらしたと考えられる（次の記事を参照されたい）。

　　　　"「多能工化」を進める
　　　　　技術革新・中高年齢化と人材の有効活用"
　　　技術革新が進むなか，生産現場ではどう対応しているのか。雇用促進事業団の調べによると，日本的人材育成・活用システムにより現場の労働者は高い適応力を示しているという。が，今後，中高齢者の不適応などのため，その適応力が低下する懸念もある，と指摘する。調査結果の骨子は次の通り。半数の事業所は，「多能工化を進めている」「以前から多能工化している」。その形態は，「前後の工程を一人でこなせるようにする」「一人で異種機械をこなせるようにする」が，合わせて8割近くと多い。これに対し，技能工は，「自分の能力を高められる」「仕事のやりがいが高まる」などで，7割が賛成。高い適応力を支える要因は，終身雇用を前提とした仕事を通ずる技術向上への期待である。（『東京労働』83年3月25日）

　職務のくくりを狭くして専門化を徹底させるか，それとも専門化をある程度犠牲にしても職務のくくりを大きくして技能の幅を広げるか，どちらがよいであろうか。前者にも利点はあるが，後者の場合には次のような利点があると思われる。①誰かが休んだ時に応援がきく，②社員の充実感が大きくなる，③工程をより広い観点からとらえることで工程の改善に参加しやすくなる，③従業

員の知的熟練が大きくなる，④いろいろな職務につく労働者を管理する監督などへの昇進の可能性が大きくなる．

2　サービス現場の人材育成

接客サービス教育から全社的サービス教育へ

　第1節で見たように，製造現場でも顧客サービスという考え方が教育されているのであるが，お客様サービス（顧客奉仕，顧客サービス：customer service）とは何か．慣用では，接客サービスのことであろう．しかし，近年，「サービス経営」という考え方が重視されるようになっており，それは顧客サービスが経営行動のすべてを統べる考え方でなければならないという議論である．アメリカのある会社の「経営信条」はその考えを如実に示している．

> L. L. Bean の信条
> お客様は，訪問客であろうが，通信販売客であろうが，最重要人物です．お客様が私どもを頼っているのではありません．私どもがお客様に頼っているのです．お客様は私どもの仕事を中断させにくるのではありません．お客様は，私どもの仕事の目的なのです．お客様に仕えることで，私どもはお客様に親切を施しているのではありません．私どもに仕える機会を与えてくださることで，お客様が私どもに親切をしてくださっているのです．お客様は，論争の相手でもなければ，知恵比べの相手でもありません．お客様と議論をして勝った者はいないのです．お客様は，その欲求を持ってこちらへきてくださる人なのです．その欲求を，お客様にも私どもにも共に利益になるよう取り扱うこと，これが私どもの職責なのです．[216]

　接客サービスだけをとっても，新しい考え方で人材育成をする企業が出てきている．お客様サービスとは，お客様ににこやかにほほえんで，いらっしゃいませ，ご用を承ります，と声をかけることにつきるのではない．サービスは，手で触れ目で確認できるモノではなく，その場の経験を売る．「すてきな経験

は複雑な要素（すばやさ，理解，信頼，同情，親切，ほほえみ，会話等々）から成り立っており，そこでの顧客との関係の理解・すばやい判断など，多様な技能熟練を要求する。試供品，試験の機会は少なく，一回一回の出会いの瞬間が決め手となる。感受性，ときには創造性が要求される。画一的対応が嫌われる（もちろん製造業と同様に「標準化」「マニュアル化」はかなりの効果を上げることを忘れてはならないが）。いわば技（アート）に近い。顧客の「記憶に残る」仕事である。商品づくりのプロセスに業者だけでなく顧客も参画することが，サービスの特質の一つである。

　ベルらは，①記憶に残る経験，②その時々の個人別の対応という一回性，③顧客との共同作業，この三つがサービスの要素だとしている。⁽²¹⁷⁾

　お客様サービスのモデルは，ものづくり現場の一つのモデルを作ったフォードではなくディズニーである⁽²¹⁸⁾，という議論がある。ディズニーランドの人材育成については，あまりにも有名で，ここで紹介する必要もないであろう。しかし，フォードだって，実は第1節で指摘したような顧客重視の発言はしているのである。

　　賃金を支払うのは使用者ではない。使用者はただ金を処理しているだけだ。
　　賃金を支払うのは顧客である　　　　　　　　——ヘンリー・フォード

　最高級ホテルの経営者のセザール・リッツは，1908年に「お客様が間違うことはありえない」(Le client n'a jamais tort) と言った。「お客様はいつも正しい」(The customer is always right) という言い回しは，アメリカ人のゴードン・セルフリッジが造語したとされている。彼は，百貨店という考え方を，アメリカからイギリスに持ち込んだ人である。1909年にロンドンのオックスフォード・ストリートに店を開き，「この有名店は，ドアに名前をわざわざ書く必要はありません」とか，「完璧に満足していただけます。さもなければ喜んでお引き取りいたします」というスローガンを使ったことで有名である。ついでながら，クリスマス商戦という考えも彼のものだとされている⁽²¹⁹⁾。また，ニューヨークの高級百貨店ニーマン・マーカスの共同創業者，スタンレー・マーカスはこう言っている。「消費者は，統計である。顧客は，人である」⁽²²⁰⁾。

ストファーによると，顧客重視企業がすべきことが七つある。⁽²²¹⁾
①顧客から苦情があったときに，それを効率的に処理してしまう以上のことをやらなければだめだ。顧客の抱えるすべての問題に触れ，すべてを完璧に解決せよ。顧客の言ってきた問題は氷山の一角である。前後の事情を辛抱強く聞け。背後にある顧客ニーズに対応せよ。
②最前線の接客担当員はいわば社内の顧客であるとみるだけでは不十分だ。すべての社員が社外に眼が向くようにし向けなければならない。たとえば病院の駐車場の係員も最前線の接客係だ。
③顧客をどう取り扱うべきかを従業員に教えるだけではだめだ。顧客を正しく取り扱うに必要な権限とか用具とかを従業員に与えなければならない。
④会社側が予定したとおりに顧客をWebサイトだの特定の店に誘導していくことがサービスではない。顧客が望むように自社の部署・場所に自由に行き来させることが重要だ。
⑤顧客が現に望むものを与えるだけではなく，あれば望むだろうと思われるものを与えるべきだ。顧客に何がほしいかと問うだけであれば流行のものを聞くだけだろう。これが流行だと顧客が感づく前に探し出すことが重要だ。
⑥顧客に仕える組織づくりから先に進み，顧客に組織を決めさせるようにすることが大切だ。「担当が違いますから，いまから電話をお回しします」と言うようでは駄目。
⑦現在の顧客に新しい顧客を推薦してもらうだけではいけない。顧客がもっと高い値段をつけたらどうだと言ってくれるぐらいになることだ。

顧客サービスを重視する企業は，まさしく人材育成に熱を入れなければならないことがわかるであろう。

対面接客サービスの実際は，サービスの神髄をわかり，かつ機転が利く人材によって担われる。次の例からそれを考えてほしい。

ジョアンナ・スランが，夫のレコードショップを手伝っていたときのことである。中年夫婦が「天国への階段（Stairway to Heaven）というレコード

はないか」と訪ねてきた。棚をさがして，ありませんと告げると，男は，いきなり，怒り出した。「すみません」というジョアンナに，「言いわけを言うな！　……おまえなんかにわかるものか，うちの息子が事故で死んだばかりだ，葬式に，あいつが好きだったこのレコードをかけてやろうと思ってきたのに，ない，とは何事だ！　……」。興奮した彼も，やがてうなだれて，妻にひきとめられるままになった。「ごめんなさい，お二人の悲しみはとうてい私などには理解できないかもしれませんが……」と，ジョアンナは静かに話しはじめた。「私たちも，4歳になる姪をひと月前に亡くしたばかりなんです。お二人のつらさは，少しはわかります」。彼はジョアンナの顔を見上げた。怒りは，彼の顔からすでに消えていた。そして，ため息とともにつぶやいた，「大変，失礼をした。まことに申しわけない……」。彼はポケットをさぐると，クシャクシャになった写真をとりだした。「息子の写真だよ。見てやってくれるかな」と静かに言った。(222)

顧客サービスの意味と現場教育

良いサービスとは，ニューヨークの有名なシンクタンク，コンファレンス・ボードの定義によると，(223)

①人対人として関心をはらってもらえること（Personal attention）

②任せて安心できること（Dependability）

③対応が敏速で人を待たせないこと（Promptness）

④従業員に能力があること（Employee competence）

である。

こうしたことを，あれこれの企業はもっと具体的なマニュアルにして従業員に教えようとしてきた。ある人が日本の百貨店の祖，明治時代の三越に提案しようとした社員教育マニュアルが，取材メモに書かれている。以下，長くなるが，味わってほしい。

三越小僧読本

㈠三越の小僧にして，三越の趣旨を知らざるは『論語読みの論語知らず』なり。

三越の小僧にして，三越の御客本位を呑込まざるは『喰えども味わいを知らず』なり。

三越の小僧にして，三越の品位を保たず，蔭日向を為すは『頭隠して尻隠さず』なり。

㈡いやしくも三越の小僧たる者は，その眼を水晶（愛嬌沢山）にし，その口に黄金の鈴（お世辞）を含み，その心を玲瓏玉の如く（誠心誠意）ならしむべし。

眼あれども御客を見分けず，口あれども無愛想千万。心はいつも手前勝手。少しも誠意やどさざるは，小商店の小僧にて一生を終る心懸なら知らず，三越の如き一大商舗の小僧にあっては，落第者なり，落伍者なり，将来発展の見込なしというべし。

㈢三越の如き大商舗の小僧は，ただ二つの眼を光らすのみにては，それこそ駄目なり。五つも六つもの眼を働かすべし。

例えば前に御客様あり，慇懃に応対し居れど，後ろの御客様の足を踏むようにては駄目のダメなり。後ろにも眼ありて，少しも粗忽せず，その他心の眼を働かして，御客様大事に務めざるべからず。これ「一心不乱」という。よしや身は一介の小僧たりとも，心懸においては，大三越を背負って立つの意気なかるべからず。しかるを往々前の御客様に無愛想なるのみならず，背後の御客様に突当り，左右の人を押退けるなど，不作法至極の小僧あり。かくの如きは，眼ありても節穴同然のみ。

㈣そもそも御客本位というは，御客様大明神のことなり，御客様一大事なり，御客様の御無理を御道理とするにあるなり。[224]

顧客サービス教育はどうであらねばならないかについて，ある議論は次のように言っている。[225]

①自分の力を伸ばしたいと考えており，かつ伸ばす必要がある者が生徒として適切に選ばれていること。

②学んだことをすぐに模倣したり応用したりできるように学習内容に工夫がされていること。

③学習と実際の場とが，スタイルや哲学においてマッチしていること。

④学ぶ場に実験や冒険が含まれており，問題解決へ創意工夫能力が育てられること。学習されることは理想像ではなく，現実の世界であること。
⑤どこの組織にも通じる普遍的なものではなく，組織や学習者の個別のニーズに応じるように特別あつらえになっていること。
⑥学んだスキルを使ってみる機会があること。

考えてみれば，以上のことは製造現場や学校での人材育成を含むすべての教育にもあてはまりそうである。

3　専門職（プロフェッショナル）の人材育成と創造的組織

組織内専門家の育成

　生産工程従事者や事務・営業職などに対して，公式の職業分類は「専門的職業」（professional）を，別のものとして扱っている。また，専門職といわれれば，われわれは医者や教員，技術屋や研究者，看護師や弁護士などを思い浮かべる。しかし，よく考えてみれば，機械工やトラックドライバーだって専門家である。それぞれに深い知識があるはずである。「餅は餅屋」という諺を持つ日本人は，そう考えるかもしれない。しかし欧米では，プロフェッショナルをある特別の集団と考える長い伝統があった。プロフェッショナルとは，単にそれで稼いでいる人（アマに対するプロ）ではなく，特に長い教育を受け，厳しい資格審査を受けねばならぬエリートと考えるのである。

　　プロフェッショナルになるためには長い勉学期間を要し，能力とスタミナを証明する試験が最後に課される。その後，彼らはその仲間に入り，秘密結社的な団結を誇り，外部の者を排除する。この仲間に入った証拠にシンボリックなものを授けられ，また特別の衣服を身にまとう。
　　プロフェッショナルは参入障壁を高くしようとする。プロフェッショナルの数が限られる結果，彼らは忙しくなる。忙しい証拠に待合室に並ぶ客の数があげられよう。プロフェッショナルには「汚れ仕事」をしている暇はない。そのためには別の者が雇われる。

人をプロフェッショナルとするのは，その人の持つ難解な知識である。プロフェッショナル以外の誰ひとりとして，彼らが何を知っているのか知らない。その結果，彼らを判定できるのはその仲間だけであるということになる。[226]

　社会学者の古典的定義によると，専門職の成立（professionalization）の判定基準は次の通りである。[227] ①フル・タイムの職務活動，②大学での教育・訓練制度の確立，③全国的な専門職団体の形成，④〈汚れ仕事〉を下位の集団に委ねるための，中心職務の再定義，③旧来からの者と新参者との抗争，④関連職との競合，⑤法律保護を求める政治的圧力，⑥倫理規範（掟）。
　この定義でも，専門職の成立は特別の人材育成の仕組みの発達と軌を一にすることが指摘されている。「知識を扱い，発展させ，解釈し，共同利用を可能にする人々」[228]である専門職は，特殊な人材育成を受ける。また知識の陳腐化を防ぐためにつねに自己啓発をすることを期待され，ときには強制され，またしばしば資格審査を受けねばならない。
　しかし，「知識社会化」とともにすべての職業人は「知識労働者」化するという議論もある。専門職は，もはや特権階級ではなくなる。組織は「知識労働者」の知的活動，とりわけ創造的知識活動の母胎となることを要求されると言われる。[229] とすれば組織は，第8章に指摘したように全員学習組織＝全員育成組織にならねばならない。

全員専門家，全員生涯学習者
　経営組織における人材育成は，①全員の育成へ，②知的熟練の育成へ，③知識労働者集団としての創造的組織の育成へ向かう。
　「すべての優れた管理者が知っていることだが，われわれの最大の天然資源は，人間の創造性だ」[230]。R. M. カンターは，創造性を発揮し変化を主導する人々を「会社内の創業者」（corporate entrepreneurs）と呼んでいる。[231] 彼らは，組織の限界突破を試み，その行動で組織をイノベーション・プロセスへと導く。彼らは生産開発やデザイン工学の職能といった「革新の責を負った人々」に限られない，とカンターは主張する。つまり，「社内創業者」は，どの職掌にもいる（こ

とができる)のである。カンターは,「社内創業者」を次の4タイプに分けている。それは,①仕組みを作り上げる人々,②無駄や損失を排除する人々,③新分野に開拓を企てる人々,④経営転換の必要性を察知する人々,である。

　こういう人を育成する組織があると同時に,そういう人は人材育成に熱心な組織に集まる良循環があるとの議論がある。創造的な人を組織に入れ,とどめるためにはどうすればいいであろうか,との自問への回答として,ネイスビッツは10点をあげるが(232),そのうち人材に関わるところだけ上げると,①ベストの人材は,個人の成長を重視する会社に集まる。②管理者の新しい役割とは,助言者(coach),教師,保護者(mentor)。③ベストの人材は,所有もしくは所有感を求める。④会社は雇用者よりも契約者を使うようになる。⑤権威的管理から,人脈育成型の管理に変わる。⑥直観力とか創造性とかがビジネススクールでの育成目標になる。

　しかし,上司でも創造は計画できないし,創造的人材個人を特定し,育成して創造的組織にできるとは限らない。創造がどんなもので,創造者がどこから現われて,いつ,どのように創造がされるかは,誰にも(いかなる会社にも)わからない,とロビンソンは言う(233)。したがって組織内の創造性を涵養しようと思えば計画を作ることではなく,計画外のこと,予期せぬことが起こることを想定し,それに対応しうる環境づくりが大切であるということになる。ターゲットを特定の個人に絞るのではなく(選抜された少数者の徹底教育ではなく),創造的な個人が生まれることを期待できる組織風土づくり(全員教育)が重要であるということになる。

　ロビンソンが推奨するつぎのようなことが,そうした組織風土＝環境となる。①全社員の関心や行動と組織目標との整合性,②各人の自発的行動,③組織の公式の支持を待たない,非公式の活動,④偶然の容認,⑤社員への多様な刺激,⑥社内コミュニケーションの活発化。

第 *13* 章
ホワイトカラーの人材育成

1 事務系の人々の人材育成

遅れがちなホワイトカラー育成手法の精錬

製造現場に働く人々，接客サービスに従事する人々，伝統的な専門職に比べて，戦後，組織の時代の到来とともに急増した事務職，いわゆるホワイトカラーと呼ばれる人々の人材育成は遅れていると，しばしば言われる。[234]

筆者がトヨタ自動車の工場現場を訪問すると，さすがトヨタである。工程ごとの現場オフィスには，すべての従業員はどの課業（タスク）ができるのか，図示してある。むろん，どのような公的資格を持っているかも。それをみれば，多能化（マルチスキリング）の進展状況は一目瞭然である。おそらく，トヨタだけではなく，日本の主要な企業の工場現場では，すべて，そうしているであろう。能力の表示にごまかしも，ありえないであろう。なぜなら，その仕事ができるかどうか，周りの者からすぐわかることだからである。

技能の客観化（どういう技能が使われているか，必要かを明示する），技能の標準化（技能のばらつきをなくしながら高い水準に揃える），技能の適正化（現場で本当に必要な技能を身につけさせる）などに，これだけ努力している多くの企業が，ホワイトカラーについては，「ホワイトカラーの技能の客観化，標準化，適正化はそもそも難しくて……」とお茶を濁すにとどまっているのは不思議なことである。工場現場に各人の技能進捗表を張り出すことができるなら，事務所にもそうすればいいだけのことかもしれない。各人の技能を公開すればモラールが下がるというなら，どうして現場では下がらないのだろうか。上司が部下の技能の評価への自信がないというなら，どうしてそういう上司の存在を許して

おくのだろうか。ホワイトカラーの人事考課はプライドに配慮して上司と部下だけでこっそりやる，などということでごまかしてきているから，自分の技能を自覚し，他社に説得できる，自分を売り込める社員が育っていないのかもしれない。

　現場での技能評価にかけずともホワイトカラーはもとより優れた人材であると特別扱いする意味はほとんどなくなってきている。日本産業訓練協会の第8回産業訓練実態調査によると，4年制大学卒が正社員に対して占める比率は，34.8％に達しており，直近5年間にその比率は3.9ポイントも上がってきている。情報・通信・ソフト，商業・飲食・ホテル，金融・保険・不動産では4年制大卒が正社員に対して占める比率は44-49％に達している。ごく普通にいる社員には，ごく普通に訓練が必要になっているはずである。それどころか，数が多くなりすぎてそれを選抜淘汰するためにも，人材育成をやってみて，結果をみて，育つ社員かどうかを見分けることが必要になってきていると思われる。ホワイトカラーを選別しようという傾向は強くなりそうである（むろん，選抜については，能力よりも閥とか運とか，また上司の好き嫌いなどに左右される傾向が早晩なくなるとは思えない。選抜され出世した人々を「勝ち組」扱いし，それを性急にキャリアモデルとすることは浅はかなことである）。

　同調査によると，「事務職が余剰だ」という企業は45.8％もある。技術職の11.3％，技能職の14.9％，営業販売職の10.4％をも上回っている。つまり，いわゆるホワイトカラーと言われる中でも，とりわけ事務職の余剰感がきわめて強いのである。

　事務職，とりわけ事務作業担当者（英米でいうクラーク層。クラークという言葉の語源は第9章参照）については，①情報機器などによる省力化・自動化，②人材派遣会社，事務代行会社の活用，③パート化や臨時労働者化，④在宅勤務や，コストの安い地方や外国への事務センター，コールセンターの移転，⑤多能・高能力の秘書への少数精鋭化，などの動きがすでに出てきており，この基本趨勢はかわらないと思われる。それによって自分の職務がなくなってしまう事務職に対して，事務の合理化と革新の先頭に立てるような管理者であれば雇用の問題はないであろう。雇用不安に悩むことになりそうなのは，そういう革新を提案できない，実行できない事務職であろう。

表5　最も能力開発が重要だと考えている
　　　職掌の能力向上が重要である理由（複数回答）　　　（単位：％）

順位		
1	必要とされる業務知識の高度化が進んでいるため	62.4
2	自社の基幹職種であるから当然必要である	56.4
3	知識や能力の陳腐化が目立つため	30.4
4	若い未経験者の人数が急増してきたため	20.9
5	管理部門の組織をスリムにするため要員を削減したので一人一人の能力の向上が重要になっているから	19.7
6	事業の転換が急で，新知識の獲得を急がなければならないため	19.4

　もちろん事務の合理化・能率化や革新以外にも，事務のなかでの専門職になるという道もある。事務職がゼネラリストの時代からスペシャリストの時代になったと言われることが多くなったのは，もう25年以上前からである。実際はゼネラリストどころではない，薄く広くかじっただけという者がいなかったとは言い切れないであろう。ある職掌に長くいればスペシャリストといえるだけの人材になれるとは限らないのである。「必要とされる業務知識の高度化が進んでいるため」，「知識や能力の陳腐化が目立つため」，自己啓発あるいは組織側からの育成による能力向上が求められる（表5参照）。

職掌ごとに多様な育成法
　ホワイトカラーと一括して呼ばれている人々にも実は多様な職掌があって，なんでもできるゼネラリストなどという者は実際にはいない。そうかといってスペシャリストだと威張るには，ちゃんと育成されなければそうはならない。そもそも，育成されるべき事情は，それぞれの職掌ごとに違う。「業務知識の高度化が進んでいるため」教育が必要だとされているのは，営業・店舗販社管理，購買・外注管理，海外営業，情報処理などについているホワイトカラーである。「知識や能力の陳腐化が目立つため」教育が必要だとされているのは，経営企画・調査，生産管理・業務計画，購買・外注管理などについているホワイトカラーである。「事業の転換が急で，新知識の獲得を急がなければならないため」教育が必要だとされているのは，生産管理・業務計画，購買・外注管理，法務・特許，海外営業，などの部署で多くなっている。このことから，ごく当たり

前の教訓がえられる。すなわち，ホワイトカラーの組織内人材育成も，職掌ごとに細分化しても行うこと，そして職掌ごとに特殊な方法をも重視すべきことである。

実際，能力向上が最も重要な職掌によってその育成方法に差がみられた。

①法務・特許職の育成については，自己啓発援助制度を充実させているとする企業の比率が高く，6割近くになっている。このような職種は，高度な公的資格を要するものであり，その勉強をする人の数は，各社それぞれでは少なく，社からのニーズも数は多くないので，自社内にコースを設けるよりは，むしろ社外のなんらかの勉強コースに参加したり，自宅で勉強することを援助する方がいい，と考えられているからであろう。

②財務・経理職の育成については，社内で養成する力がないのでスカウトを積極的に展開するとしている企業が2割ある。高年者は余っているとされるが，財務・経理に強い高年者を育てておけば，そういう人たちの雇用機会開発は容易であるかもしれない。

③情報処理職の育成については，社内研究会の活発化と（養成すべき人数が多いため，社内で勉強会を持っても，スケールメリット＝「規模の利益」が出る。また，比較的，機器を使った座学になじむ），団塊世代の再教育が行われている場合が，他の職掌より多くなっている。

④購買・外注管理職の育成については，社内研究会の活発化を行っている企業が3社に2社ある。

2　女性正社員の能力開発

成果と効率重視時代の女性社員

組織内で働く女性は，もちろんホワイトカラー系の人々だけではなく，またもちろん正社員だけではない。しかし紙数も限られているので，どこかにしぼって議論せざるをえない。[235]ホワイトカラー系職掌以外は，他のところで男女を問わず論じているものと考えてほしい。非正社員層については，本書で議論する余地はない。[236]しかし，以下，それらにも拡張してあてはまるところもあると

思われる。

　日経連・日産訓の 1989 年調査では,「女性社員の教育を強化している」とする企業は, わずかに 28.9% であった。男女雇用機会均等法成立時代ではあったが, いわゆるバブル経済下で労働力不足であったがゆえに, また, それまで基幹要員候補とされた男子が採れないがゆえに, 女性社員については量の確保が重点におかれ, とりあえず採用しておこうという傾向もあり, 質の充実はなおざりにされた場合すらあると思われる。しかし, バブル経済は崩壊し, とりわけ間接部門が企業から厳しい目に晒されていることは前の節でみたとおりである。男女雇用機会均等化に向けて政府からの監視・規制の動きはいっそう厳しくなり, 女性正社員の「雇用費用」は高くなってきたであろう。一方, 従来, 女性だけがつけられていたきらいのある事務作業は, 第 1 節でみたように自動化や派遣・外注への置き換えや非正社員化が行われている。残された女性正社員には高いレベルの仕事をしてもらわなければならないという意識が強くなっている。[237]

　1995 年の調査で, 女性正社員の能力向上が求められている理由は, 多様にあげられていた。

　その中でも,「労働生産性の向上, 少数精鋭化が会社の重要な課題となっているから」(48.4%) との声と,「必要とされる業務知識の高度化が進んでいるため」(44.8%) との声が 40% を超えていた。また, 結婚願望が減り, 女性の晩婚化が進んだり, また結婚・育児期に入っても時短が進み, 育児休業, 介護休業制度が充実したこと, さらに転職市場が狭まったことなどが要因としてはあるであろう。「勤続年数が長期になる女性が増えてきたため」(34.7%), 女性をきちんと教育していく必要が高まったとされていた。「(女性は) 自社の基幹職種であるから,(女性の能力向上は) 当然必要である」という指摘も 34.0% あった。だが 1989 年の調査では,「現状で男子より優秀な女性が増えているため教育を強化する」とした企業はわずか 11.4% だった。ただ,「5 年後には男子より優秀な女性が増えているため教育を強化しているだろう」とした企業は 26.1% あった。男女どちらが労働力として優秀かというのは一概には言えることではないし言うべきでもないが, 個別企業・個別職務につく個々人によって判断してより優れた人材が集まるなら女性を基幹職種で活用したいという企業も増えて

第13章　ホワイトカラーの人材育成　　125

きているだろう。[238]

　外交営業職や現場技能職などは，もとより，いわば直接部門であり，売り上げ確保やコストダウンに直結する仕事をしているから，従来より厳しく管理されていたこと，おそらく男子と同様であった。しかし，内勤職については，ときには「職場の花」扱いされたり，4,5年ぐらいそこそこの仕事をしてくれればいいという扱いもあったであろう。また，ときには見かけだけ華やかな「カタカナ職種」の場合もあったであろう。直接部門であるはずの接客販売職種についても，モノが飛ぶように売れる景気のいい時代には教育がともすればおざなりになっていたかもしれない。しかし，そうした過去の行動が，いまや反省の材料になってきている。女性正社員のなかで，その能力向上が重要と考えられている主たる職種は「内勤の営業事務，一般事務」，「専門性の高い職種」，「対人業務を中心とする接客，販売，サービス職」の三つになっていた（1995年調査）。

　むろん，どのような職種が教育の重点対象になっているかは，企業の業種・業態によって大いに異なることは，言うまでもないことであろう。たとえば，新製品開発を急いで発展途上国に任せるべき大量標準品との差別化をはかろうとする製造業では，女性研究職・技術職の能力向上も課題になっている。情報通信ソフトや商業・飲食・ホテルなど，女性管理職が登場し始めている企業群では，女性管理職教育が課題となっている。商業などで，バイヤー，商品別売り上げ責任者など専門職化を行っている企業では，女性専門職教育を課題としている。金融・保険・不動産などでは，外交営業や接客販売など，営業各分野で女性の活用がめざましいから，その教育が重要になっている。

　また，女性社員の層によって能力開発の必要な理由は異なっている。特に内勤の事務職については要員不足状態をあえて起こして密度の濃い仕事をしてもらいたいという傾向が見てとれる。一方，管理職の女性や研究職・技術職，そして専門職では，女性のやる気が向上したから育てるという意見が多くなっていた。また，研究職・技術職や専門職については，業務知識がさらに高度化を続けているからとされていた。このような理由から見ても，男女を問わず，経営組織が重視する管理職・研究職・技術職・専門職などから先に，教育訓練の平等化と濃密化が進むと思われる。

　「男性社員に対するものと教育機会を同じにしている」という企業はわずか

4割にとどまっていた。課長相当以上や研究職・技術職, 外交営業職の女性の能力向上を重視する企業では 7, 8 割の水準になっていたのである。

女性社員には「心構えや接遇に重点をおいた教育を実施している」だけの企業が多いようだが, 実はこれは重要な教育である。いくつかの企業では, 男性社員に対しても, 顧客サービス, 顧客満足度向上のかけ声のもとに「心構えや接遇に重点をおいた教育を実施している」企業が出てきている。特に, バブル期に, いわば拝み倒して採用した若い男性社員の心構えや接遇態度がなっていないとほぞをかむ企業は多いようだから, この理由からも, 男女平等に教育をやりなおす企業が増えてくるのではないだろうか。

女性社員育成の阻害要因

女性正社員の教育訓練上の問題点として企業によって指摘された最大のものは, 「管理職に女性育成姿勢が乏しい」(41.6%) ことであった。その指摘率は, 2番目にあげられた「教育効果が出ないうちに, やめてしまうことが多い」(28.1%) を大きく上回っていた。女性の教育訓練を効果的に行うためには, 管理職の意識改革から始める必要があるようである。

このほかの問題では, 「会社の指示を待たず自己啓発で勉強する姿勢に乏しい」(25.8%), 「転勤による能力伸張の機会を与えにくい」(21.3%) が 20% を超えている。

上司に問題があるとすれば, 一つの選択肢は教育スタッフに女性を増やすことであろうが, そうしているという企業は 4.7% だけであった。もう一つの選択肢は職場の先輩が非公式な人材育成を行うということであろう（職場集団が人材育成集団として機能することは繰り返し指摘してきたことであり, 私の人材育成論の主要主張の一つでもある）。しかし女性販売職, 事務職の間に私的な先輩・後輩閥が自然とできて, それが人間関係を複雑にし, 仕事を阻害することがあり, 人材育成のための相乗効果どころか相殺効果をあげ, 人間関係ゆえに退職する女性正社員が多い。これを是正するための経営組織の努力, あるいはノウハウ開発が足らないと言ってよい。先輩を公式にトレーナーにするための教育は, 技能職, 補助作業職などを主に教育する場合には従来から多い。ホワイトカラーについても, アメリカなどでは, メンター（キャリア開発への助言者）

の役割が重要だという議論が，盛んになっている。「メンター」とか「トレーナー」という名称を公式に使うかどうかは別として，現場でいう「シスター制度」[239]のホワイトカラー版を実施している組織もある。

3　海外派遣要員の人材育成

多文化衝突と多様性の管理

　グローバル化時代の人材育成の課題を取り上げよう。[240]日本産業訓練協会の1995年の調査でみると，大企業ではほとんどの企業に6カ月以上の海外派遣要員がいる。それだけではなく，中堅企業でも半数近くでは海外長期派遣要員を持たなければならないような時代になった。それ以下の中小企業でも6社に1社の割で海外派遣要員が生まれていた。ましてや6カ月未満の短期派遣や出張を入れると，海外派遣要員の人材育成は，かなりの企業の当然の業務である時代になった。海外長期派遣要員がいる企業の派遣者人数の平均は約60人で，長期派遣の予備軍や短期派遣・出張者とその予備軍を合わせると海外派遣者育成にはスケールメリット（「規模の利益」）がないと言うわけにはいかなくなっているし，間に合わせ教育の域を超えねばならない時代になっている。

　とくに，貿易摩擦や円高などで海外進出が加速された加工組立型製造業では，その正社員の2％相当が長期海外派遣中であり，またその比率は，最近5年間で倍増していた。さらに，価格破壊現象下で海外調達・開発輸入を増やしている商業などでも，正社員の2％近くが長期海外派遣者とされていた。

　円高を背景とする海外直接投資は，生産設備というモノとなって海外にできあがっているのであり，それを一層，効率的に運営するために派遣要員を増加させる動きと，他方で現地で人材育成して現地の人たちに職を譲り渡して，派遣者は減るという動きとどちらが強くなるであろうか，関心を引くところである。ただ，人の現地化を上回る勢いで，産業機能の海外移転がアジアを中心に進んでいるように思われる。また，若年労働力人口の減少や製造業離れは早晩解決しないと思われるし，日本の賃金は共産主義経済から資本主義経済への脱皮を図るアジア諸国に比べてきわめて高い水準にあるから，国内での技能者の

調達コストを嫌って海外に出る動きは長く続くであろう。実際，今後，海外要員が増加するとする企業の比率は，製造業，なかでも労働力をより多く要する加工組立型製造業に高い。

　海外派遣要員を現地企業などでの職位で見ると，工場長・部課長，技術者，現場監督などの教育が必要だとされている。では，現在，そういう層に対して，どういう内容の教育が実施されているであろうか。海外派遣要員がいる企業のみで見ると，現状では，「現地の言葉に関する教育」が主流である。「現地の文化・社会・経済に関する教育」などはまだまだ少ない。これらは前任者からの申し伝えや，自己啓発に任せて済ませている方が多いのであろう。しかし，現地の諸事情を知らずに出かけ，現地でトラブルを起こしたり，周りにとけ込めないで心理的な問題を生じさせるなど，教育・準備の不足が露呈されていることは，周知のとおりである。

　「現地での生活に関する教育」「異文化コミュニケーション能力向上」などは4社に1社ぐらいの実施であった。しかし欧米，特にアメリカでは，国内に多様な人々を抱えていることもあり，価値観などの相違による心理的なぶつかり合いが生産性を阻害したり，争議や訴訟にまで発展することを恐れ，「多様性管理」（ダイバーシティ・マネジメント）という言葉がアメリカの経営では流行語となっている。そして「多様性対応教育」（ダイバーシティ・トレーニング）が人材育成担当者の合い言葉の一つになっている。[241]ところが，日本の現実では，「現地の労働事情に関する教育」は，わずかに2割の企業でしか教育内容になっていない。海外での不用意な労務管理の結果，一大訴訟に発展したり，何十億円もの罰金を裁判所に命令される例が，日系企業にはしばしば出てきている。

発展途上の国際化教育

　海外展開が急に進んだ結果，海外派遣要員が，あえていえば粗製乱造気味になっていることが否めない企業がある。「海外派遣要員候補者を1, 2年以上前に指名して準備させる」という企業がわずかに14.8％しかないことからも，そういう事情が読みとれる。「自社作成のマニュアルによる教育」を行っている企業は13.8％しかない。

　ただ，これは海外派遣者の数量に依存する。101人以上出している企業では，

半数ほどになるからである。海外での生活経験，ビジネス事情など，特定の企業に偏るわけではない共通の情報がたくさんあり，自社独自のマニュアルでなくても，ある程度は間にあうものである。今後，中堅企業などを対象としてマニュアルを販売するビジネスが伸びるかもしれない。「ビデオを使った教育」は11.7％である。静岡のある食品関連の企業では海外での食品素材の調達事情や一次加工状況，また社員の日常の様子，日系人との懇談などの様子を克明にビデオにとって後任者に渡したところ，現地へのとけこみが非常にスムースだったという。今後，視聴覚教材などの活用が進むのではないかと思われる。

　海外のビジネススクールへの留学による教育（MBA 取得）の実施企業は5.5％でしかない。

　教育の内容，方法が必ずしも十分でないことは，企業自身も意識している。「海外派遣要員の教育に問題が特にない」としている企業は13.5％だけである。6割もの企業が，「教育訓練不足のまま，現地に送り込むことが多くなっている」としているのである。3社に1社が「教育マニュアルや教材の整備が遅れている」ことを認めている。

　「海外勤務を嫌がる社員が増えている」とした企業は17.5％と少なかった。しかし，最初から海外勤務が前提であることが多い国際商社，逆に，海外勤務が少数の人に限られている企業以外のところで海外勤務が増加してくると，これが大きな問題になってくるだろう。ある地方の企業では，地元の大企業ということで地元の長男層で優秀な人材を多数採ってきたが，さらに急成長し，海外展開を大規模にするようになって，海外派遣要員が必要になった。が，なかなか応募者がなく，指名した者の中にも，親の面倒をみる必要があるなどを口実として忌避したり，なかには辞めてしまう者まで出てきた。地元の大学，高校生にも，あそこにいくと地元に残れるとは限らないという噂が広まり，応募者が少なくなってしまった。そこで，地方採用ではなく比較的「故郷意識」が薄いと思われる東京での採用を増やして急場をしのいでいるという。[242]

　他方で，海外でいわゆる「現地化」を迫られる例も増えている。日本人社員の経営管理や技術技能ノウハウを現地採用の人々に移転するよう，現地政府などから強く働きかけをうけていることも理由の一つである。また海外現地工場も，やがて低技能の労働集約的大量標準品生産から，より高技能の知識集約的

高品質品の生産へ，さらに管理から販売部門など本社機能の充実へとレベルアップしていく必要があって，高学歴の現地マネージャーが要ることも理由の一つであろう。また，日本人社員の派遣費用よりも現地人雇用がコストが安い場合もあるであろう。国際要員教育というと，日本人の海外派遣のための教育だけを思い浮かべやすいが，現地人教育も増加，充実していくだろう。

　この現地社員の人材育成にも，いくつもの問題がある。日本人，現地人双方に言葉の壁があることがその一つである。「グローバライゼーション」の時代とは言われるが，人材育成の悩みは深い。しかし，積極的に人材を海外派遣している国は，実はそう多くはない。日本は，国内資源の乏しかったこと，戦後の経済復興期に外貨を稼ぐ必要性があったこと，海外に販路を見つける必要があったことなどから，多数の海外派遣者を出している方であろう。アメリカなんぞは，1980年代以後にようやく海外市場の重要性に気づいたといっても過言ではない。盛んに「ゴーイング・グローバル」の掛け声がかけられるが，その要員教育は始まったばかりといってもいい。ヨーロッパにしても，EC程度までで，それを超えた海外進出は決して多くはない。国際要員の人材育成のノウハウ化はまだまだ萌芽期にある。[244]

第 *14* 章
ベテラン層や経営リーダー層の人材育成

1 高齢化・低成長時代とキャリアデザイン教育の重要化

高齢化問題の顕在化

　日本人の長寿化は，いまさら言うまでもない。だが，少子化が同時に進行したので，それは経営組織の人材育成にも大問題を産んだ。長寿化と少子化が労働市場からの退出時期の遅延と重なり，労働力の急激な高齢化をもたらしたからである。さらに不況が重なって，企業が若年者新規採用抑制を行うこととなったから，中高齢化の状況は，いっそう進展している。調査結果をみると，「中高齢化が進んでおり，今後も進む」としている企業は，1989年に65%であったが，1995年には72%となった。また，「今後も高齢化が進む」とする企業を合わせると，90%にも達した。[245]

　しかも，現在の景気後退によって大きな打撃を受けた企業ほど，高齢化が著しくなっている。「現在，中高齢化が進んでおり，今後も進む」としている企業の比率は，「全事業にわたって減量経営を迫られている」企業で82.9%である。かりに，中高齢の者の生産性あるいは企業貢献が若い人に比べると落ち，かつ，その賃金など労務費用が高いままであるとすると，企業経営に悪循環をもたらす。[246]

　中高齢化しても，管理職などとして質の高い（利益に貢献する）仕事をしてくれればいい，というのは，一つの理屈である。実際，概して高齢者ほど，管理職を含め管理・間接部門に移る人が多いであろう。しかし管理・間接部門が利益を生み出しているかどうかという疑問が出てきている。管理・間接部門が肥大化して困っているとしている企業ほど，中高齢者の比率が増えている企業

である。「管理・間接部門の肥大化が過度になっており，縮小をしたい」という企業では，1989-94年の間に正社員にしめる中高齢者の比率が4.2％高くなっている。逆に「管理・間接部門の充実・規模拡大をはかりたい」という企業では，1.4％しか高くなっていない。

「現在，雇っている中高年社員については，全員を定年まで社内で雇用したい」という企業は64.9％で，明らかにすべての企業ではない。しかも，全事業の減量を迫られている企業では，その41.5％が，中高年全員の社内雇用は無理であるとしている。また，本業が順調でも新事業が減量を迫られている企業でも，36.4％が全員社内雇用が無理だとしており，新事業が拡大していても本業が減量を迫られている企業では，32.6％が全員社内雇用は無理だとしている。「終身雇用」を大切にする「日本的経営」だと威張ったところで，雇用する力は企業の経営状況に依存する。中高年サラリーマンにしてみれば，「昔，会社の成長に貢献してきた」と言いたいところであろう。しかし，会社が成長するか，少なくとも現状を維持できなければ，その身には秋風が吹く。昔の功績を誇っても，民間企業サラリーマンには厳しい現実が待っている。

そういう厳しい状況にある企業は，どういう企業であろうか。全員社内雇用は無理だ，としている企業の比率が高いのは，金融・保険・不動産と，繊維・化学・石油・紙・鉄鋼・非鉄金属などの，大規模連続生産設備集約型の製造業である。かつては学卒者が争って就職した企業群なのである。

キャリアコースの急激な変化への自覚の必要性

ただ，たまたま社外に放り出された中高年の方々はお気の毒であるが，きわめて大量に中高年が社外へ出されてしまうと騒ぎ立てることは，いたずらに不安感をあおる危険性がある。というのも，中高年の全員の定年までの社内雇用は無理だという企業でも，その社員のうち「定年以前に雇用関係がなくなる社員の比率」は平均3.5％だとしているからである。では，どういう人がその3.5％に選ばれてしまうのか。また選ばれないようにするにはどうすればいいのか。これはキャリア研究にとっても，また自分のキャリア設計にとっても大変重要な問題を提起している。大企業ほど寄らば大樹の陰であるから安定した雇用機会を提供していると言えるのだろうか。実際には大企業ほど，出向や転籍その

他の方法で社外に出してしまう中高年者の比率が高い結果になっている。大企業に入ってしまえば安心，などと考えてはいけないのである。

多数の中高年は社内に残ることも事実である。しかし，間接部門の肥大化が言われるなかで，いわば「長老席」，「元勲席」に「社内引退」していくことは，むろん大部分の者には許されないこととなった。従来から，必要だけれども難しいと言い続けられてきた中高年の能力再開発も，難しいとばかり言ってお茶を濁して済ませているわけにはいかない時代になり，本格的な工夫が必要になってくるであろう。

現状では，中高年への教育も多くの企業で充実しているとはまだまだ言い難い。自社の人事制度が充実していると判断している企業を，いちおう先進企業と考えて，そういう企業で行われている中高年教育を示したのが表6である。まず，通信教育の受講が半数近い先進企業で実施されている。ただ，多くは，自己啓発援助の形だと思われる。自分で勉強する意欲のある社員と，そうでない社員とでは，おのずと差がつくものだという意見を，多くの企業の経営層から聞くことができる。しかし，漫然と，「勉強していればぼけない」程度の認識でいるのでは甘い。中高年の職業能力再開発に特に向いた自己啓発教育とはどういうものか，きちんとした研究が必要だと思われる。

また，公的資格を取得するのを援助する企業も，最近は増えているようだ。厚生労働省も，「ビジネスキャリア制度」などで，新しくホワイトカラー向けの公的資格を作っている（最近，中央職業能力開発協会に実施団体が移された）。ただし，資格があれば強いとは俗論で言うものの，資格も当然労働市場の論理に従う。採用側がそれを高く買ってくれないことを知らずに資格ばかりとったと威張っても仕方がない。また，今は希少価値をもつ技能のあることを証明する資格であっても，中高年が争って勉強するようになり，多くが取ると，資格の希少価値が薄れることもある。どういう資格なら強いか，ちゃんとした研究を行わねばならない。たとえば，いまでも人材不足である一部の中小企業では，いったいどういう能力を求めているのか，ちゃんとした研究が必要である。資格販売業者のパンフレットの宣伝を鵜呑みにしてはならない。

先に，大企業ほど出向や転籍その他の方法で社外に出してしまう中高年者の比率が高いことを示した。その一部は，本人および組織にとっての教育機会と

表6 中高年齢者に対する教育施策実施率（自社の人事制度は100点満点で70点以上だとする自信のある企業のみ，技能系についてはさらに製造・建設に限定，複数回答）　　　（単位：％）

実施施策	管理職の45歳以上の者	事務系一般職・監督職の45歳以上の者	技能系一般職・監督職の45歳以上の者
通信教育の受講	40.4	40.4	43.0
公的資格の取得奨励援助	27.3	30.6	28.0
研修機関のセミナーなどへの派遣	24.0	18.0	18.7
グループ内の企業出向によるマネジメント教育	18.6	9.8	8.4
管理職定年社内再配置（定年まで）	17.5	10.9	9.3
社内研修の講師を積極的に担当させる	16.9	8.7	13.1
趣味やボランティア活動への援助による定年後へのソフトランディング指導	10.4	10.4	12.1
健康管理に重点をおいた教育	10.4	10.4	13.1
現業務の改善に関する徹底研究の指導	9.8	8.7	12.1
新職種，新業務，新部署への転換による刺激	9.8	12.0	11.2
社内のマネジメントスクールでの徹底教育	9.3	6.0	8.4
海外派遣など，海外現地での教育	8.2	4.9	6.5
再就職に狙いをおいた講習への参加	7.7	6.0	1.9
グループ外の企業出向によるマネジメント教育	7.1	2.7	0.0
自営独立，開業希望者の援助	6.6	5.5	7.5
現場第一線をもう一度経験させる	4.4	2.2	2.8
長期教育休暇による自主的な勉強	3.3	3.3	3.7
民間の社外研修の講師として派遣	3.3	0.5	0.9
大学や大学院留学によるリフレッシュ教育	0.5	0.5	0.0
その他	8.2	9.8	10.3

なる。企業グループ内での人事交流による教育もよく行われることである。問題は，受け入れ側にまわってくれるグループ内企業が歓迎してくれる人材を送り手の企業が送り出しているのか，それとも「押しつけ人事」になっていないかという見極めである。「押しつけ人事」と思われぬためには，移動する中高年の方で，グループ内の元の企業での働き方とは違った働き方があるのだという理解がちゃんとあること，そして相手先にあった働き方で貢献するという態度が生まれること，そして実際に貢献できる技量や知恵などがあることが重要だろうと思われる。

　そのような人を育成する教育は，まだまだ遅れていると言わねばならない。ある企業内の人生経験しかない者が，その企業内の人生経験しかない者に教える，そういう教育システムを，これまたその企業内しか知らない人事教育部署

が設計するという現実では、疑念が生じても当然なのである。

中高年者のキャリアデザイン訓練

社内での能力再開発教育を望むサラリーマンは、45-49歳では28.8％だが、50歳以上になると40.4％にも達するということを明らかにした連合総合生活開発研究所（連合総研）の、「サラリーマンの企業帰属意識と職業転換能力に関する調査」(247)がある(248)。これをみると、45歳以上のホワイトカラーの中で、「もっとも自信のある職掌に関する能力について今の会社内の他の人と比べて力のある方だ」と考えている者の比率は、45-49歳で58.2％あり、50歳以上だと57.6％ある。しかし、関連会社に出向しても十分にやっていけるとする者は、45-49歳で31.5％、50歳以上で23.4％に減る。社内にずっといられるわけではない時代になったことをちゃんとわかっている者たちであろうから、「これからのサラリーマンは、社外でも十分通用する力を育てるべきだ」とする者は、事務営業系45歳以上で63.7％、研究技術系45歳以上で64.7％にものぼる。そして「自分のキャリアを会社まかせにせず、自分でも先を見て設計していく努力が必要だ」と考える者が事務営業系45歳以上の66.1％にもなる。研究技術系45歳以上では67.6％になる。

会社に対してキャリアデザインのための訓練を望む者も、45-49歳で33.3％、50歳以上で25.5％である。現在、企業が実施している中高年者向けの人生設計（ライフデザイン）教育というと、老後の経済生活などばかりが中心であるが、今後は、そのようなキャリアデザインを重視したものであってよいと思うのである。

中高年とりわけ管理職層の教育というと、意識改革教育と称して、これでもかこれでもかと、現実に目覚めよと叱りとばす教育も行われているようだ。しかし、意識改革につながる育成を「短期成果主義」で行うことには、私は反対である。

> 私たちは死者の目を優しく閉じてあげる。だから、生者の目も優しく開けてあげる必要がある。　　　　　　　　　　　——ジャン・コクトー

2　経営者・起業家の人材育成

産業と経営再生のリーダーへの期待

　概して中高年になっていけば，その中からトップマネジメント層が選ばれてくる。一般に，組織の長に近い人ほど，その育成に関しては，科学化は遅れていると思われる。偶然に左右されるところも多いし，また長年の組織の歴史や本人の長期にわたる学習の結果として能力が選ばれたり育つところが多く，ある本は，経営者の育ちは「生涯学習」であると見ている。トップマネジメントのキャリア形成の要点は学術書ではだめで，伝記としてしか語れぬところがあろう。それどころか，学術書なんぞよりは伝記のほうが，しばしばずっと面白く，かつ「役に立つ」だけでなく，さらに正鵠を得ているのかもしれない。

　ともあれ，この急激な経営変動の時代にあって，トップマネジメント層の育成を重要視する議論は多い。それは現在までの育成が失敗しているという認識があるからである。

　　アメリカ産業の病気，および，それから結果する失業の基本原因は，トップマネジメントにマネジメントができないことにある。[250]
　　　　　　　　　　　　　　　　　　　―― W. エドワード・デミング

　　われわれがマネジメントと呼んでいるものの多くは，人が働くのを難しくすることからなっている。[251]　　　　　　　　　　　　　　――ドラッカー

　このように非難されるアメリカの経営者に比して，日本の経営者の力は大丈夫であろうか。「第6回新任取締役の素顔に関する調査」（日本能率協会）[252]を見ると，日本人経営者と外国人経営者の能力比較では，「改革・革新力」「決断力」「戦略立案能力」「独創力」など10項目で外国人経営者に軍配が上がり，日本人経営者が優れているとの回答が多かったのは，「現場経験」「管理能力」など4項目のみである。「現場経験」「管理能力」があれば立派だとは私は思う。それに，アメリカでは経営者はちゃんと選ばれているなんて言う議論もそのま

ま信用できない。アメリカ有数の企業の社長を務め，その後，組織改革のコンサルタントになったタウンゼントに言わせると，世間一般では次の条件順に選ばれる[253]，①見かけ（服装を含む），②知性，③口達者，④財務・法務の知識，⑤勤続年数。

では，なぜ経営幹部の選別に失敗するのだろうか。ホートンの議論を見ると[254]，①トップマネジメントに必要な技能や経験を正確に知ることに失敗している。②長期に，かつ深く人事考課をしていない。③選抜過程に十分な時間をかけていない。④選抜基準の客観性に欠けている（うわべ，口のうまさにごまかされている等）。⑤候補者の審査に時間をかけていない。それが問題だと人事コンサルタントは経営組織を説得し，経営者の選抜手を売り込む。経営者たるべき人の事前評価（アセスメントと呼ばれる。(1)周りの人々からの評価の集成，検討〈360度評価法とも呼ばれる〉，(2)経営者候補者の勉強会，研修会における議論，行動の評定，(3)社外の評定機関〈アセスメント・センターと呼ばれる〉のプログラムに参加し，専門家の判定を受ける，(4)心理テスト，(5)コンピュータを使ったテストなど）が使われるべきだ，とされている[255]。しかし，そういう技法を使っても，その結果を見て判定を下すのは現在のトップマネジメント層であるか取締役会であろう。結局，そういう人々の人材育成ができていなければ，精緻な人事考課制度が悪循環に口実を与えるだけであろう。

私見では，どの企業にも通用するような技法はなく，またそういうものがあっても，たかが知れた効果しかない。マネジメントの人材育成のありかたは，経営課題や経営戦略と密接に関連するであろうから，経営職教育は事業課題と強い関係がなければならない[256]。そうした事業課題は，その企業において経営職になるまでに所管する事業上の問題や課題，過程（プロセス）に取り組んできた深いキャリア経験のある者によって，一番うまく選ばれる。したがって，多少失敗する事例があっても，トップマネジメントの育成は基本的には内部労働市場の活用によらねばならない。

トップマネジメントの選び方には大まかにいえば二つあり，第一は，この内部労働市場を利用した社内選抜であり，第二は外部労働市場を利用したスカウト（ヘッドハンティング）である。後者はミドルマネジメント層においては増加しようが，トップマネジメント層については例外にとどまると私は考える。

第14章　ベテラン層や経営リーダー層の人材育成

経営者精神・起業家精神の育成

トップマネジメント層については，経営者精神とか起業家精神の涵養が重要であると近年叫ばれるようになっている。この精神とは何か。それを考えるためには，実際に経営者となり起業家となった人々の直面した問題を考えること，ある場合にはいかに難しく，それゆえ修練が必要であったか，ある場合にはいかに容易であったか，それゆえに問題は知識ではなく行動であったか，などを考えてみるにしくはない。そこで，事業や商品を創造した人々の例を以下にあげ，問を出すので，読者自身，解答を試してほしい。

> **経営者・起業家たちの当面した問**
>
> 問1　1853年，ニューヨーク州サラトガスプリングスのあるレストランで，フライドポテトが薄い！　と文句を言われたコックは，怒り狂わなかった。彼が発明したものは何か。そして教訓とは。
>
> 問2　1937年，オクラホマシティのシルバン・コールドマンという，ショッピングセンターのオーナーが出口に立って，買い物を抱えて帰って行くお客様の姿を見ていて，ふと思いついた。何を思いついたか。
>
> 問3　アメリカの石鹸のブランドで有名なものに，アイボリーというものがある。これは偶然できたものであって，水に浮く。貧しい人々の多い南部などに向けて売られ，大成功した。なぜか。
>
> 問4　アメリカの鉄鋼王A. カーネギーはスコットランドの貧しい農民の子どもだったが，たまたま拾った雌ウサギが産んだ子ウサギの世話を，村の子どもたちにタダでさせる方法を思いついた。どうしたか。カーネギーはその方法をやがて，自分のビジネスにも応用し，顧客の歓心を買ったのだ。

経営者精神・企業家精神を行政が市民に教えよう，また大学・大学院で教えようという動きが近年，盛んである。しかし経営者精神・起業家精神の要諦は，ときには，行政や教育には無縁であった金儲けへの執着である。以下の例から，含意を考えてほしい。

> **貨殖精神とは何か**
>
> **例1** チャーリー・チャップリンは30歳台前半にはもう大金持ちになっていた。あるとき，友人のパブロ・ピカソのスタジオを訪ねた。ピカソが絵を書いている側で見ていると，突然ピカソの筆先から絵の具が散って，チャップリンのズボンにかかった。ピカソはあわてて，「すまん，いまアルコールで拭き取るから」と言うと，チャップリンは「いや拭きとらんでいい。それより，ここにサインをしてくれ」。[257]
>
> **例2** 私がベッドに入った時には，何十億人もの男の顔の髭が今伸びてるんだな，世界中の女性の足に毛がいま伸びているんだなと考え，幸せな気分になる。その方が，羊を数えるよりも，ずっと楽しいからね。[258]
> ——ウォーレン・バフェット（ジレット社の大株主）
>
> **例3** コダックの創始者であるジョージ・イーストマンが劇場の建設を注文した。6000席の設計図をじっと眺めて，「こことここに1席ずつ，2席，増やしてくれ」と建築業者に言った。「そんな細かい話を！ 2席ぐらいどうでもいいじゃないですか」と業者が呆れると，イーストマンは説明した。1回の上演で30セントの席料がとれるとすると，合計60セントの追加収入になる。1週間6回の上演で，合計3.6ドルになる。1年で，187ドル20セントになる。利率が6％だとすると，これは3120ドルをその利率で投資した分の利子に相当する。だから2席増えるだけで，3120ドル儲かったことになる，と。

　貨殖精神は，その持ち主を迫害した経済体制の失敗をみれば，商品・事業・企業・雇用の創造にとってきわめて重要なものであることはわかる。しかし，金儲けだけを重視すれば拝金主義に流れ，倫理にもとる行為に走る経営者や経営組織が増加するだろう。

　経営者精神・起業家精神の要諦のいま一つは，「自己実現欲求」にあると考えられる。例えばヒューレット・パッカードの創始者の一人，デイヴィッド・パッカードは次のように言っている，「私が会社を始めたのは大金をつかもうとしたからではない，自分自身のボスになりたかったのに，GEで働いていたのでは自分の主人だという実感がえられなかったからだ」[259]。儲けたカネは自己実現の程度＝自分の成功の指標だということになる。多くの起業家は，わずか

な元手で出発しているからである。

　1896年，ヘンリー・フォードがガソリン・エンジンの実験を始めたのは自宅の台所であった。2気筒エンジンを組み立てるようになったので手狭になったが，隣人がその納屋を貸してくれた。そこでフォードの「馬がいなくても走る車」という新製品が生まれたのである。

　ウォルト・ディズニーが1923年にハリウッドに移住し，伯父の家に寄宿した。しばらくして漫画の依頼があったとき，その仕事をどこで始めたか。伯父の家のガレージである。

　1920年代に，ルイジアナ州の，以前はガソリンスタンド兼ガレージであった場所で，C. E. ウルマンは農薬の空中散布事業を始めた。それはやがて貨物・顧客輸送事業に替わり，実業家仲間の援助でデルタ航空が設立され，ガレージは顧客待合室に変わった。

　1938年，カリフォルニアのパロ・アルトのガレージで，二人の若者が音質測定用の周波数計の生産を始めた。ウイリアム・ヒューレットと，デイヴィッド・パッカードである。そのガレージは，今や「シリコンバレーの誕生地」と呼ばれている。

　1940年，ルース・ハンドラーとエリオット・ハンドラーがガレージを借りてプラスチック製ギフト用品の製造を始めた。やがて製品は人形や玩具に広がり，1958年にルースはバービー人形を構想し，マテル玩具社が誕生する。

　1975年，カリフォルニア州ロス・アルトスにあるガレージにスチーブン・ウォズニアックが引っ越してくる。ガレージの持ち主はスチーブ・ジョブ。そこでパソコンづくりを始めた二人は後のアップルの創始者である。

　1922年，ニューヨーク州プリーザントビルのガレージつきの貸家に，デイヴィット・ウォーレスとリラ・ウォーレス夫妻が，始めたばかりの雑誌発行の場を移した。その雑誌がリーダーズ・ダイジェストである。(260)

　経営者精神・企業家精神の要諦の第三は，機をとらえてアドベンチャーに出る判断力であると思われる。それは，シェイクスピアの戯曲『ジュリアス・シーザー』に「ベンチャー」という言葉が登場するところに端的に示されているようなものである。

BRUTUS. Under your pardon. You must note beside
  That we have tried the utmost of our friends,
  Our legions are brim — full, our cause is ripe:
  The enemy increaseth every day;
  We, at the height, are ready to decline.
  There is a tide in the affairs of men
  Which taken at the flood leads on to fortune;
  Omitted, all the voyage of their life
  Is bound in shallows and in miseries.
  On such a full sea are we now afloat,
  And we must take the current when it serves,
  Or lose our ventures.

ブルータス：待ってくれたまえ，他に考えるべきことがある,
   友人たちのすべてを集めたということだ,
   われらが軍は極限の大きさとなり，機も熟した。
   敵のほうは日に日に数を増し
   われらがほうは，頂点にあるがゆえ，下るしかない。
   人の事には満ち引きというものがある
   満ち潮に乗れば富財宝に導かれ
   それを逃せば，人生の旅はすべて
   浅瀬に座礁し，みすぼらしく終わる
   かような満潮の海に，今，浮かんでいるわれわれは
   役立つうちにこの潮に乗るべきだ,
   さもなければベンチャー[261]は失われよう。

 タイミングよい決断は，起業家精神に必要であるばかりでなく，人材育成のすべての場面において教えられるべきテーマであろう。
 また，起業家たちにとってそうであったように，人材育成において重要な用具は，人材育成を目的として意図的に作られた制度や教材だけとは限らない。組織・集団・グループにおける活動，他者との交わり，そして本人の態度や行

動，精神や経験，それらがそのまま資材となり，用具となる。詩や小説を読んだり戯曲を鑑賞したり，恋人や同僚から励まされたり，親や上司の背をみて考えたり……，ふだん生きている，その場面場面で経験するありとあらゆることの中に，人を育てるものがあるのである。

　人材育成は「人材育成論」を読まずとも可能である，という指摘をもって「人材育成論入門」の結語とする。

注

1 Feldman, Daniel, "career," in Peter, L.H., Greer, Ch. R., and Youngblood, S. A., 1996, *The Blackwell Encyclopedic Dictionary of Human Resource Management* (Malden, MA : Blackwell Publishers Inc.), p.33.
2 やや古い言い回しでは「人生航路」。
3 Williams, Raymond, *Keywords* (NY : Oxford U.P.), 1985, p.53.
4 Room, Adrian, 1997, *Dunces, Gourmands & Petticoats* (Chicago : NTC Publishing Group), p.52.
5 Williams, R., 1985, op.cit., p.53.
6 まさか体だけを動かしているわけではあるまいが、あたかも知的労働者とは別物であるかのように言われてしまったのである。
7 Toby, Jackson, 1964, *Contemporary Society : Social Process and Social Structure in Urban Industrial Societies* (NY : John Wiley & Sons, Inc.), p.118.
8 この本は、キャリア論あるいはとりわけキャリア心理学の入門書というわけではないので、シャインなどキャリア心理学の研究成果にはほとんどふれる余地はない。
9 Schein, Edgar H., "career stages," in Peter, L. H., Greer, Ch. R., and Youngblood, S. A., 1996, op.cit., pp.38-40.
10 白川静、2002、『漢字百話』、中央公論新社、pp.47-8。
11 ここから、現代の経営学でも、優れた企業を標として、それに合わせて自分を計ることを「ベンチマーキング」と言う。
12 白川静、2002、『漢字百話』、中央公論新社、pp.55-6。
13 西岡常一、1993、『木のいのち木のこころ』、草思社；同、1994、『木のこころ仏のこころ』、春秋社他；同、2003、『木に学べ 法隆寺・薬師寺の美』、小学館；西岡常一／青山茂、2003、『斑鳩の匠 宮大工三代』、平凡社ほか。西岡常一の書を読み、カセットを聴いてほしい。
14 李白「将進酒」。斯波六郎、1990、『中国文学における孤独感』、岩波文庫、p.267。
15 リストラとは restructuring（事業組織の編成替え）の邦訳であるが、1990年代から、事実上、不況を口実にした解雇を意味するようになった。これは流行語を作り出したアメリカでも同様のようで、ある本によればリストラクチャリングとは「すべての社員、すべてのものを上にやったり下にやったり横にやったりして、別の名前をつけ、そして事業所がうまくいくようになったかをみる、自己欺瞞の試み」(Olive, David, 1991, *Business Bubble*, NY : John Wiley & Sons, Inc., p.130)。
16 陳舜臣、1995、『中国詩人伝』、講談社文庫、p.102。

17 前野直彬著／藤原満編，2002，『文章軌範（新版）』，明治書院，p.17。
18 同上 p.51。
19 同上 p.56。
20 同上 p.16。
21 同上 p.18。
22 『老子』第 32 章。
23 『荘子』山木篇。以下，引用では，原文にとらわれず，振仮名をつけたところがある。
24 ナーラーヤナ／金倉・北川訳，1968，『ヒトーパデーシャ』，岩波文庫，p.147。
25 『政略論』（塩野七生，1992，『マキアヴェッリ語録』，新潮文庫，p.117，pp.122-23）。
26 陳寿『三国志』より。吉川幸次郎，1997，『三国志実録』，ちくま学芸文庫，原著 1962，p.50，p.121。
27 現代の組織に求められるのは創造的な人材だ，というのは俗言であろう。創造的な人材が組織を破壊することもあるだろうから。場合場合によって違うという断固たる相対主義的な視座と，どういう場合にはどうだという変数限定による変数間の確率的な関係の推定という「中範囲の理論」への探求心とが，社会科学者の持つべき才能である，と私は思う。
28 宮崎市定著／礪波護編，2000，『論語の新しい読み方』，岩波現代文庫，pp.89-92。
29 白川静，1994，『字統』，平凡社。
30 Master of Business Administration. 経営学修士号。実際には，大学の経営学部程度の授業レベルであることも多く，大学院卒と思う必要はない。1990 年代の冒頭に『フォーチュン』誌が行った，経営職へのアンケート調査によると，新米の MBA は自己中心的で，視野が狭く，仕事に没頭せず，事業の現実を知らず，粗暴で礼儀知らず（Webber, Ross Arkell, 1991, *Becoming a Courageous Manager* (Englewood Cliffs, NJ : Prentice-Hall)：著者はアメリカの経営学教育の発祥の地とも言える Wharton School の経営学教授）。
31 白川静，2002，『詩経』，中央公論社，は中国の古詩の理解のためにも，『万葉集』など日本人の精神的源流の理解のためにも，絶対におすすめである。
32 幕末，橋本左内が 14 歳にして自分の志を記した『啓発録』の啓発の言葉の語源は，孔子の言葉である。伴五十嗣郎訳注，講談社文庫。
33 厚生労働省，2002 年度能力開発基本調査結果によると，従業員の自己啓発を支援している企業は 74.7%，受講料など金銭的援助を行う企業は 51.4%，過去 1 年間に自己啓発を行った従業員の割合は 33.2%。
34 のちに書くが，英語圏では，現場労働者を教えることを training と言い，指揮命令にあたる者を教えることを development と言うように，区別することが最近まで続いていた。これは，現場労働者には内に育つ芽がなく，管理監督にあたる者にはあるという差別意識に根ざすものであろう。
35 リエンジニアリングとは，エンジニアリング（機械設備の組み立て）をやり直すことで，組織に必要な工程（プロセス）とは何かをゼロから見直して組織をすっかり作り

替えろという主張。Hammer, Michael & Champy, James, 1993, *Reengineering the Corporation : A Manifesto for Business Revolution* (NY : Harper Collins Publishers) が出版されて有名となった。流行がいつもそうであるように3年ほど騒がれ消えていった。アメリカで流行だと言われるカタカナやローマ字でしか表記できない経営技法には3年ほど近づかず冷ややかに見ているにこしたことはない。

36 拙稿「カエルを煮る話：人事担当者のための古典教養講座（2）」、『労政時報』、2002年11月。

37 Peters, Tom, 1997, *The Circle of Innovation* (London : Hodder and Stoughton). しかし古典教養を簡単に忘却するのも、これまた浅はかである。

38 Maister, David H., 2001, *Practice What You Preach* (NY : Free Press) などの議論。なお反対の議論もたくさんある。人材育成とか、企業の強さを何で測定するかに、結論は依存すると思われる。詳しい議論は入門の域を超えている。計量経済学者は他の条件が同じであれば、人材育成は企業競争力に影響を与えないと結論する傾向がある。私見では、人材育成が行われれば他の条件も変わる。

39 ワットソン、トーマス・Jr.／土井武夫訳、1963、『企業よ信念をもて：IBM発展の鍵』、竹内書店新社、pp.38-40。

40 Bardwick, Judith M., 1991, *Danger in the Comfort Zone* (NY : AMACOM)。

41 この節、川喜多喬「人材育成は設備と制度ではなく、智恵と動きで決まる」、『人材教育』2003-12, pp.14-18を改稿。

42 川喜多喬「職場を生涯学習集団に」、『能力開発』、2004-4〜6。

43 Griffith, Joe, 1990, *Speaker's Library of Business* (Englewood Cliffs, Prentice-Hall), p.52.

44 出典を忘却した。ご存じの方にお教えをいただければ幸いである。

45 Lansky, Bruce, 1998, *Work and Other Occupational Hazards* (Minnetonka, MN : Meadowbrook Press), p.86.

46 Room, Adrian, 1997, *Dunces, Gourmands & Petticoats* (Chicago : NTC Publishing Group), p.172.

47 前野直彬注解『唐詩選』、岩波文庫、pp.53-4。

48 タキトゥス／泉井久之助訳、1979、『ゲルマーニア』、岩波文庫、p.71。

49 Organization Man という英語は Whyte, William H., 1956, *The Organization Man* (NY : Simon & Schuster) による造語である。ホワイトは組織の時代の人の行動様式の変容を批判するために用いた。日本語では「会社人間」という揶揄に近い。

50 Blau, Peter M., 1956, *Bureaucracy in Modern Society* (NY : Random House)。

51 キャリアという言葉も古い言葉だが、新しい現実を言い表すのに発掘された。古典教養があれば便利だということを示す例としては共通である。

52 Garrison, Webb, 1992, *Why You Say It?* (New York : FBJ Books), p.142.

53 もちろん、こういう変化が急激におきたというつもりはない。最近、流行の「個人主導の人材育成の時代」が、突然、始まり、できるというものではないように。

54 Funk, Charles Earle, Jr., 1993, *2107 Curious Word Origins, Saying & Expressions From White*

Elephants to Dance (NY : Budget Book Service, Inc. (Galahad Books)), p.295.
55 村石利夫，1993，『おもしろ日本語ウンチク事典』日本文芸社，p.228。
56 Ayto, John, 1999, *Twentieth Century Words* (Oxford University Press), p.9.
57 Koch, Richard, and Godden, Ian, 1996, *Managing Without Management : A Post-Management Manifesto for Business Simplicity* (London : Nicholas Braley Publishing Ltd.), pp.67-8.
58 Toby, Jackson, 1964, *Contemporary Society : Social Process and Social Structure in Urban Industrial Societies* (NY : John Wiley & Sons, Inc.), p.483.
59 Bennett, Amanda, 1990, *The Death of the Organization Man* (NY : William Morrow and Co.).
60 Willcock, John, "People and Business," *The Independent*, 21 April 1999.
61 穎原退蔵校訂『去来抄・三冊子・旅寝論』，岩波文庫，p.101。
62 Eitington, Julius E., 1997, *The Winning Manager* (Houston : Gulf Publishing Company).
63 Elder, Richard, 1995, *If I Knew Then What I Know Now* (Putnam).
64 Harris, Jim, 1996, *Getting Employees To Fall In Love With Your Company* (NY : AMACOM), p.88, p.10.
65 Schaaf, Dick, 1995, *Keeping the Edge : Giving Customers the Service They Demand* (NY : Dutton Signet, a division of Penguin Books, USA, Inc.).
66 Griffith, Joe, 1990, op.cit., p.67.
67 Harris, Jim, 1996, *Getting Employees To Fall In Love With Your Company* (NY : AMACOM), p.91.
68 Whiteley, Richard, and Hessan, Diane, 1996, *Customer-Centered Growth : Five Proven Strategies for Building Competitive Advantage* (Reading, MA : Addison-Wesley Inc.).
69 Schaaf, Dick, 1995, op.cit.
70 Kiernan, Matthew J., 1996, *The Eleven Commandments of 21st-Century Management : What Cutting-Edge Companies are Doing to Survive and Flourish in Today's Chaotic Business World* (Englewood Cliffs, NJ : Prentice Hall).
71 "Stew Leonard, Jr., grocer," *Nation's Business*, June 1991.
72 Hodnett, Edward, 1955, *The Art of Problem Solving* (New York : Harper & Bros) などは問題解決ブームの走りである。その後，技法書は山とある。幸いにして私はほとんど読んでいない。
73 Kittrell, Ed, *Funny Business*, Jan. 1999, p.6.
74 Harris, Jim, 1996, op.cit., p.107.
75 *Scientific American*, February, 1976, quoted by Hornfisher, James D., 1997, *Hate Is Not a Family Value : A Qoote Book for Liberals in a Right-Wing World* (NY : At. Martin's Griffin), p.20.
76 シェイクスピア／市河・松浦訳，1949，『ハムレット』，岩波文庫，一幕四場，p.36。
77 松平千秋訳，1992，『イリアス（上）』岩波文庫，p.119。
78 Room, Adrian, 1997, op.cit., p.184.
79 Lee, Thomas W., "employee morale," in Peter, L. H., Greer, Ch. R., and Youngblood, S. A., 1996, op.cit., pp.94-5.

80 Canfield, Jack *et al.*, 1996, *Chicken Soup for the Soul at Work : 101 Stories of Courage, Compassion and Creativity in the Workplace* (Deerfield Beach, Florida : Health Communications, Inc.), pp.229-30 より要約。
81 逆境賛美論に対する反発の典型は，太宰治「鬱屈禍」(『もの思う葦』新潮文庫所収, p.112-13)。
82 佐川章，1990，『作家のペンネーム辞典』，創拓社。
83 Bridges, William, 1997, *Creating You and Company : Learn to Think Like the CEO of Your Own Career* (Reading, MA : Perseus Books).
84 *Quote* 53 (11&12) Dec. 1993, p.348.
85 Ekeren, 1988, op.cit., p.291 から意訳したが，例にあげられることの多い通俗的な寓話となっているので原作ははっきりしない。
86 Lewis, David, 1989, *The Secret Language of Success* (NY : Carroll & Graf Publisher, Inc.), p.68.
87 compete（競争する）の名詞形 comptency は他と競争するに足る能力という意味だろうが，人事管理では能力ある者の行動の特性と定義されることが多い。人事考課において行動特性を見る議論は古くからあるが，最近の成果を重視する人事において，人事コンサルタントが売り込んでいる論議である。
88 Maslow, Abraham, 1943, *Motivation and Personality* (NY : Harper & Row).
89 Hersey, Paul, & Blanchard, Kenneth H., 1977, *Management of Organizational Behavior : Utilizing Human Resources*, 3rd ed. (Englewood-Cliff, NJ : Prentice-Hall) ; Gellerman, Saul W., 1963, *Motivation and Productivity* (NY : AMA).
90 Herzberg, Frederick, with Mausner, B. and Snyderman, B., 1959, *The Motivation to Work* (NY : Wiley).
91 McGregor, Douglas, 1960, *The Human Side of Entreprise* (NY : McGraw Hill).
92 しかし，科学はどちらか一方の人間観を信じるべきではない，どういう人間がいるかは職務や従業員などによって異なるであろう，という当然の主張については，例えばMorse, john, & Lorsch, Jay, 1970, "Beyond Theory Y," *HBR*, May-June, 1970 を見よ。
93 Thomas, Alam, *Quote* 56 (8) Sept, 1996, p.12,
94 Winocur, John, 1992, *Friendly Advice* (Plum), p.272,
95 *The Executive Speechwriter Newsletter* 7 (1) 1991, p.4.
96 *Leadership*, July 1, 1997, p.2.
97 人生の指導者。ギリシア神話を題材とした，17世紀フランスのフェヌロンの戯曲『テレマックの冒険』の登場人物とされたメントールが，英雄の子の家庭教師・保護者であったことになぞらえて，アメリカで流行しているキャリアアドバイザーの自称，他称。
98 部下のほめ方，しかり方を含め，組織内コミュニケーションの技法に関する実務書は山とあるので，参照されたい。たいていは「常識」である。しかしその「常識」があまり実行されていないように見えるところをみると，「常識」ぐらい「常」にはないものはないと思われる。

99　Humes, J. C., 1996, *The Wits & Wisdom of Abraham Lincoln* (Harper Collins), pp.74-5.
100　Ekeren, Glenn, 1988, *The Speakers Source book* (Englewood Cliffs : Prentics Hall), p.194.
101　Cited by Birtles, Jasmine, 1996, *Quotes from Women on Top* (London : Michael O'Mara), p.122.
102　Cited by Warner, Caolyn, 1992, *The Last Ward* (Englewood Cliffs : Pentice Hall), p.5.
103　*Bits & Pieces,* 1994 No.21, p.22.
104　Leadership, cited in *The Executive Speaker*, April 1995, p.8.
105　As told by President George Bush, in *The Executive Speechwriter Newsletter* 5 (2) p.3.
106　Bob Dedinsky, cited by *The Manager's Intelligence Report*, n.d.
107　Mackay, Harvey, 1988, *Swim With the Sharks Without Being Eaten Alive* (NY : William Morrow & Co.), pp.67-8.
108　*The Executive Speechwriter Newsletter*, 10 (2) Oct. 1995.
109　*The Executive Speechwriter Newsletter,* 15 (6) Feb. 2001, p.3.
110　*Leadership*, July 23, 2002, p.1.
111　Room, Adrian, 1997, op.cit., p.265.
112　ウィークリー／寺澤芳雄・出淵博訳，1987，『ことばのロマンス：英語の語源』，岩波文庫，p.195。
113　*The Merrian-Webser New Book of Word Histories*, 1991, pp.115-16.
114　コリントの使徒への手紙 1,15,33. 日本聖書協会，新共同訳。
115　Griffith, Joe, 1990, op.cit., p.348.
116　この言葉が，地獄の門に掲げられているという言葉，「この門を入る者，その希望を棄てよ」のもじりであることはキリスト教徒の多いアメリカでは常識。
117　Griffith, Joe, 1990, op.cit., p.351.
118　Arn, Win, cited by Rowell, E. K., and Steffen, B. L. (eds.), 1996, *Humor for Preaching and Teaching* (Grand Rapids : Christianity Today Inc.), p.11.
119　*The Poughkeepsie Journal*, 26 March 1978.
120　Cohen, William, 1990, *The Art of the Leader* (Prentice Hall).
121　Newcomb, S. Dorothy Perkins, 1953, *The Team Plan : A Manual for Nursing Service Administrators* (NY : G. P. Putmnam's Sons).
122　Godin, Seth, 1996, *The Official Rule of Life* (NY : Simon & Schuster), pp.101-03.
123　Pryer, Fred H., in *World Executive Digest*, March,1968, p.14.
124　Hesselbein, Frances, with Goldsmith, Marshall, and Beckhard, Richard, (eds.), 1996, *The Leader of the Future* (SF : Jossey-Bass, Inc.) ：編者はドラッカー財団理事長，元アメリカガールスカウト会長。
125　第一勧銀，1988年。
126　岩淵悦太郎，1986，『語源のたのしみ（四）』河出書房新社，p.144。そこから意味は転じる。「藤原は勅撰和歌集の『千載集』の旗がしら（雑俳）」と言われる場合，撰者のことである。
127　タウンゼント，R./高橋豊訳，1970，『組織に活を入れろ』，ダイヤモンド，p.76。

128 Belasco, James A. and Stayer, Raiph C., 1993, *Flight of the Buffalo : Soaring to Excellence, Learning to Let Employees Lead* (NY, Warner Books), part 3. しかし，たとえ話による論の多くは，科学とは縁遠い。

129 Fawke, Bob, 1995, *What they don't tell you about Elizabeth I : Her Friends and Reltons* (London : Hodder Children's Book), p.104.

130 Farman, John, 1997, *History in a Hurry : Tudors* (London : Macmillan Publishers Ltd.), p.22.

131 モンテーニュ／原二郎訳，1966，『エセー（四）』，岩波文庫，p.262。

132 Griffith, Joe, 1990, op.cit., p.189.

133 Hatten, Kenneth J. and Rosenthal, Stephen R., *Reaching for the Knowledge Edge* (NY : AMACOM), cited by *Leadership*, Feb. 2003, p.4.

134 川喜多喬「理想とはほど遠いリーダーこそ大切」，近代労働研究所『スタディ』，2002年6月，pp. 6-9。

135 Bennis, Warren, quoted by Woods, John, 2000, *The Quotable Executive* (NY : McGraw-Hill), p.147.

136 Woods, John, 2000, op.cit., p.149.

137 Bennis, Warren, 1989, *On Becoming a Leader* (Reading, MA : Addison-Wesley Publishing Company), ch.7.

138 Kittrell, Ed. "Funny Business," *American Speaker Update,* Sept. / Oct. 1994, p.1.

139 Boone, Louis E., 1992, *Quotable Business : Over 2,500 Funny, Irreverent, and Insightful Quotations About Corporate Life* (NY : Random House), p.37.

140 Woods, John, 2000, op.cit., p.95.

141 Argyris, Chris, and Schon, Donald, 1978, *Organizational Learning : A Theory of Action Perspective* (Reading, MASS : Addison-Wesley).

142 Argyris, Chris, and Schon, Donald, 1974, *Theory in Practice : Increasing Professional Efficiency* (Reading, Mass : Addison-Wesley).

143 Senge, Peter, 1990, *The Fifth Discipline: The Art and Practice of the Learning Organization* (NY : Doubleday).

144 Argilis, Chris, "Teaching smart people how to learn," Drucker, P. *et al.*, 1998, *Harvard Business Review on Knowledge Management.*

145 Hall, Douglas, 1997, "Protean Careers of the 21st Century," *Academiy of Management Executive*, 10 (4).

146 Nash, Bruce, and Zullo, Allan, 1988, *The Misfortune 500 : Featuring the Business Hall of Shame* (NY : Simon & Schuster), p.77 より多少意訳した。

147 Naisbitt, John, and Aburdene, Patricia, 1985, *Re-Inventing the Corporation : Transforming Your Job and Your Company for the New Information Society* (NY : Warner Books), ch.5.

148 Woods, John, 2000, op.cit., p.154.

149 Williams, Monci J., 1997, "Agility in Learning : An Essential for Evolving Organizations — and People," *Management Update 2* (5) (May 1997), Harvard Business School Publishing, p.4.

150 Ibid., p.5.
151 Institute of Personnel Management, 1987, National Committee for Training and Development, IPM, cited by Pratt, K. J. & Benett, S. G., 1989, *Elements of Personnel Management* (London : Chapman and Hall), pp.182-83 より一部意訳。
152 Ibid., ch.2. 企業の人材政策の 10 の方向を示しているが，一部の紹介にとどめる。
153 Popcorn, Faith, and Marigold, Lys, 1996, *Clicking : 16 Trends to Future Fit Your Life, Your Work, and Your Business* (NY : Harper Collins Publishers).
154 Iacocca, Lee, quoted by Woods, John, 2000, op.cit., p.259.
155 Miller, Vincent A., "The History of Training," Craig, Robert L. (ed.), 1996, *The ASTD Training and Development Handbook* (NY : McGraw-Hill), p.4.
156 宮崎市定著／礪波護編，2000,『論語の新しい読み方』，岩波現代文庫，p.86。
157 Jay, David, 1996, *What they don't tell you about Ancient Egyptians* (London : Hodder Children Books), p.56.
158 Fawke, Bob, 1998, *What they don't tell you about Elizabeth* (London : Hodder Children's Books) p.26.
159 Funk, Charles Earle, Jr., 1993, *2107 Curious Word Origins, Saying & Expressions From White Elephants to Dance* (NY : Budget Book Service, Inc. Galahad Books), p.286.
160 Kolatch, Alfred J., 1998, *Best Baby Names for Jewish Children* (Middle Village, NY : Jonathan David Publishers, Inc.).
161 Hal, R. H., 1975, *Occupations and the Social Structure*, 2nd. ed. (Englewood Cliffs : Prentice-Hall), p.14.
162 ウィークリー，1987, op.cit., pp.237-38.
163 Deary, Terry, 1996, *Horrible Histories : The Slimy Stuarts* (London : Scholastic Ltd.), pp.102-04.
164 Roberts, Ian, "The Culture of Ownership and the Ownership of Culture," in Brown, Richard K. (ed.), 1997, *The Changing Shape of Work* (NY : St. Martin's Press), p.154.
165 Miller, V. A., 1996, op.cit., p.4.
166 Deary, Terry, and Tonge, Neil, 1994, *Horrible Histories : The Terrible Tudors* (Wellingtons, UK : Scholastic Publications), p.44.
167 Roberts, Ian, op.cit., p.155
168 Miller, V. A., 1996, op.cit., p.4.
169 山本夏彦，1996,『恋ににたもの』，中公文庫，p.57。
170 職人と旅との関係は，例えば網野善彦，1980,『日本中世の民衆像——平民と職人』，岩波新書を読まれたい。
171 ①から③は "Ownership of Culture," in Brown, Richard K. (ed), 1997, *The Changing Shape of Work* (NY : St. Martin's Press), pp.159-62, ④は Miller, V. A., 1996, op.cit., p.4.
172 Miller, V. A., 1996, op.cit., p.6.
173 Marglin, 1980, "The origins and functions of hierarchy in capitalist production," in Nichols, T. (ed.) *Capital and Labour* (Glasgow : Fontana) ; Thompson, E. P., 1967, "Time, work-discipline

and industrial capitalism," *Past and Present*, 38, Dec. cited by Roberts, Ian, "The Culture of Ownership and the Ownership of Culture," in Brown, Richard K. (ed), 1997, *The Changing Shape of Work* (NY : St. Martin's Press), p.153.

174　Ibid., p.154.
175　Miller, V. A., 1996, op.cit., p.6.
176　訓練校（training college）という名称だが，イギリスのビクトリア時代には，小学校（ナショナルスクール）の教員の養成所を意味していた。Pool, Daniel, 1993, *What Jane Austen Ate and Charles Dickens Knew* (NY : Simon & Schuster), p.383.
177　Miller, V. A., 1996, op.cit., p.6.
178　職業教育に相当する言葉は，戦前は実業教育と呼ばれ，「実業ニ従事スル者に須要ナル教育為す」ことだった。「実業学校……明治三十二年（一八九九）の実業学校令で整備された実業教育機関は，普通教育を施す中学校と並列して商工業に従事する者のための実務教育を目的とする中等学校だった。工業学校，農業学校，商業学校，商船学校，水産学校などがあり，企業では即戦力となる下級幹部候補者として歓迎した。特にこのなかでも明治国家の急務である工業化のための人材補給源として，工業学校，次いで商業学校が重視された。……」（大泉志郎・大塚栄寿・永沢道雄，1993，『現代死語辞典』，朝日ソノラマ，pp.171-72）。
179　Miller, V. A., 1996, op.cit., p.8.
180　以下，各団体の翻訳名は，日本の職業教育学界，進路指導学界での通例の訳と違う場合がある。
181　シカゴ大学などが地域の企業と協力し，勤労学生を受け入れ，企業のニーズにあった教育プログラムを開発した。このような学校を corporation schools と呼んだ。
182　工業化に果たした職長（作業長）の役割については，岡本秀昭，1966，『工業化と現場監督者』，日本労働協会を是非読まれたい。
183　第二次大戦時の海軍元帥，山本五十六は「やってみせ，言ってきかせて，させてみせ，ほめてやらねば，人は動かじ」と言ったとして有名であるが，山本の独創とは限らないようで，アメリカ海軍の方がこのロジックの発見は早いかもしれない。
184　Miller, V. A., 1996, op.cit., pp.11-3
185　人材不足と労働力多様化の中で，職場のリーダーの人材育成機能が重視されるのは，昨今の日本における上司の「コーチング」能力の重視の事情と似ている。逆に言えば，わざわざ「コーチング」などと新しい言葉を使うまでもない。
186　Chase, Stuart, 1956, *The Proper Study of Mankind*, rev. ed. (NY : Harper), p.166.
187　Miller, V. A., 1996, op.cit., p.12.
188　Toby, Jackson, 1964, *Contemporary Society : Social Process and Social Structure in Urban Industrial Societies* (NY : John Wiley & Sons, Inc.), p.116.
189　クルト・レヴィン／末永俊郎訳，1966，『社会的葛藤の解決：グループ・ダイナミクス論文集』，創元新社など。
190　Kleiner, Art ,1996, *The Age of Heretics : Heroes, Outlaws, and the Forerunners of Corporate Change*

(NY : Bantan Doubleday Dell), ch.2.
191 More, C., 1980, *Skill and the English Working Class, 1870-1914* (London : Croom Helm) ; Roberts, I., 1993, *Craft, Class and Control* (Edingburgh : Edingburgh University Press).
192 Fraser, R., 1969, *Work : 2* (Hammondsworth : Penguin).
193 そうはいっても，この分野は私の専門ではない。小池和男，1973，『日本企業の人材形成』，中公新書，などを熟読されたい。
194 加藤秀俊，1981，『一年諸事雑記帳（上）』，文春文庫，pp.153-54。
195 倉内史郎「新しい教育機会」，『職業のための教育──人生の開拓（これからの教育3）』日本放送出版協会，1970，p.102。
196 井伏鱒二，1982，『荻窪風土記』，新潮社：1987，新潮文庫，p.75。
197 利根啓三郎，1981，『寺子屋と庶民教育の実証的研究』，雄山閣。
198 倉内史郎「新しい教育機会」，『職業のための教育──人生の開拓（これからの教育3）』日本放送出版協会，1970，p.147。
199 鎌田勲／鬼頭隆，1965，『企業秀才──能力主義時代をどう生きるか』大進堂，p.145。
200 戦後の社内教育の普及過程と，使われてきた技法についての入門書としては，たとえば桐村晋次，1980，『人材育成の進め方』，日経文庫，がある。
201 日本経営者団体連盟編，1968，『能力主義管理の実際』，日本経営者団体連盟弘報部。また同，1969，『能力主義管理：その理論と実践』，同。
202 労働省労働大臣官房政策調査部編，1987，『日本的雇用慣行の変化と展望』，大蔵省印刷局。常用労働者100人以上の企業をランダムサンプリング，1514社に配布，629社が回答。
203 日本経営者団体連盟・日本産業訓練協会「第7回産業訓練実態調査」，1989年。3974社に配布。616社が回答。
204 日本経営者団体連盟・日本産業訓練協会「第8回産業訓練実態調査」，1994年。3464社に配布。522社が回答。
205 日本経営者団体連盟・日本産業訓練協会「第9回産業訓練実態調査」，2000年。1000社に配布。203社が回答。
206 メンターとはキャリア相談にも何くれとなく乗ってくれる保護者，人生の指南者。部下の面倒をよくみるのは上司や先輩の勤めと意識されているのは，日本の企業では特に新鮮味はない議論のように思えるが，耳目聳動を狙って言葉を変えることにも，実務上の価値はある。
207 Yeund, Arthur K., "employability", in Peter, L. H., Greer, Ch. R., and Youngblood, S. A., 1996, op.cit., p.90.
208 この節は川喜多喬「能力開発スタッフの役割──多様な選択肢の情報源へ」，日本産業訓練協会『産業訓練』1996年6月，42（489）pp.52-5を書き換えた。
209 Blackburn, Richard S., "total quality management," in Peter, L. H. *et al*, 1996, p.350-51 ／番号は川喜多。
210 Shewart, W., 1931, *The Economic Control of Quality of Manufactured Products* (NY : D. Van

211 Deming, W. E., 1986, *Out of Crisis* (Cambridge, MA : MIT Center for Advanced Engineering Study).
212 日本の品質管理運動や QC サークルについてはいくつもの研究書，解説書，ノウハウ本があるが，その考え方を理解しようとする初心者には，例えば松田亀松，1991『QC サークルのための名言集』，日科技連を勧める。
213 Pratt, K. J. & Benett, S. G., 1989, *Elements of Personnel Management* (London : Chapman and Hall), p.83 は外国の例での定義だが，外国では時間内扱いされることが普通であるので，そのように定義されている。
214 Lawler, Edward E. and Mohrman, Susan A., "Quality Circles after the Fad," *HBR*, Jan. -Feb., 1985, p.66.
215 Ishikawa, K., 1968, *QC Activities* (Tokyo : Union of Japanese Scientists and Engineers) ; Cole, R. E.,1979, "Made in Japan-quality-control circles," *Across the Board*, 16, pp.72-7.
216 Woods, John, 2000, op.cit., p.81.
217 Bell, Chip R., and Sims, Fran C., 1996, "Customer Service Training," in Craig, Robert L. (ed.), *The ASTD Training and Development Handbook* (NY : McGraw-Hill), 1996, pp.901-02.
218 Bell, C. R., and Sims, F. C., 1996, op.cit., pp.902-03.
219 Parkinson, Judy, 2000, *From Hue & Cry To Humble Pie* (Michael O'Mara Books Ltd.), pp.61-2.
220 Woods, John, 2000, op.cit., p.84.
221 Stauffer, David, "What Customer-Centric Really Means : Seven Key Insights," *Harvard Management Update*, 6 (8), August 2001, pp.1-3.
222 Canfield, Jack *et al.*, 1996, *Chicken Soup for the Soul at Work : 101 Stories of Courage, Compassion and Creativity in the Workplace* (Deerfield Beach, Florida : Health Communications, Inc.), pp.4-5 より要約。
223 Schaaf, Dick, 1995, *Keeping the Edge : Giving Customers the Service They Demand* (Dutton Signet, a division of Penguin Books, USA, Inc.).
224 篠田鉱造，1996，『明治百話（下）』，岩波文庫，pp.91-3：聴取調査メモ。
225 Bell, C. R., and Sims, F. C., "Customer Service Training," in Craig, R. L. (ed.), 1996, op.cit., pp.903-04.
226 Visser, Margaret, 1997, *The Way We Are* (NY : Kodansya America Inc.), p.123, p.124.
227 Wilensky, Harold L., "The Professionalization of Everyone," *American Journal of Sociology*, 70, 1964, pp.142-46.
228 Hall, R. H., 1975, "The Proffessions," ch.4 of *Occupations And the Social Structure*, 2nd ed. (Prentice Hall).
229 Drucker, Peter F, 1969, *The Age of Discontinuity* (London : Heinemann).
230 Mary Cunningham Agee, cited by Woods, John, 2000, op.cit., p.76.
231 Kanter, Rosabeth Moss, 1983, *The Change-Masters* (NY : Simon & Schuster).
232 Naisbitt, John, and Aburdene, Patricia, 1985, *Re-inventing the Corporating* (NY : Warner

Books).
233 Robinson, G., Alan, and Stern, Sam, 1887, *Corporative Creativity : How Innovation and Improvement of Actually Happen* (Berrett-Koehler).
234 川喜多喬「ホワイトカラーの能力開発」，日本産業訓練協会『産業訓練』42（490, 1996-7），pp.50-5 を書き換え。
235 川喜多喬「女子正社員の能力開発」，日本産業訓練協会『産業訓練』42（491, 1996-8），pp.48-53 を書き換え。
236 佐藤博樹編著，2003，『変わる働き方とキャリア・デザイン』，勁草書房，などを参照されたい。
237 女性だけが厳しい目にさらされているわけではない。ホワイトカラー一般に，賃金に見合った仕事をさせようという企業側の姿勢は厳しくなっている。
238 川喜多喬「女子社員の活用事例」，財団法人中小企業情報化促進協会『中小企業のための賃金・労務ガイドブック 1992 年版』1992，pp.3-10 も参照してほしい。
239 男では「ブラザー制度」(brother system) と言い，年齢がさほど離れない先輩社員が何くれとなく相談にのる相手として指名される。交換日記をつけたり，部下の日報を添削したり，食事その他の余暇行動を共にしたりする。
240 川喜多喬「地球規模経営の時代の教育訓練──海外派遣要員」，日本産業訓練協会『産業訓練』42（492, 1996-9），pp.52-7 を書き換え。なお海外派遣要員は，ホワイトカラー系職掌ばかりではないので，この章の見出しとは違いがある。
241 Thomas, R. R. *et al.*, 2001, *Harvard Business Review on Managing Diversity* (Boston, Harvard Business School Publishing)；Cox, Taylor, 2001, *Creating the Multicultural Organization : A Strategy for Capturing the Power of Diversity* (NY : Wiley, John & Sons) 他多数の本がある。
242 海外に派遣する人材の育成・管理に困っているのは，別段日本企業だけではない。Lomax, Stan, 2001, *Best Practices for Managers and Expatriates : A Guide on Selection, Hiring, and Compensation* (NY : Wiley, John & Sons)．
243 Bergstrand, Jeffrey H., and Redburn, Tom (ed.), 2000, *Going Global : 25 Keys to International Operations* (NY : Lebhar-Friedman Books) など。
244 Evans, P. *et al.*, 2002, *The Global Challenge : Frameworks for International Human Resource Management* (NY : McGraw-Hill).
245 いままでと同様に日本経営者団体連盟・（社）日本産業訓練協会『産業訓練実態調査』。最近の調査という場合の報告は 1995 年 11 月刊のもの。
246 もちろん，そうであるかどうかは，きちんとした研究で確かめられねばならないことである。
247 （財）連合総合生活開発研究所，1995，『平成 6 年度 高齢者の雇用環境の整備調査研究』。
248 この調査では中高年のホワイトカラー正社員のうちで女性がまだ少ないこと，またキャリアという観点では男女差が大きいことから，男性に対象を絞る。
249 Moulton, Harper W., and Fickel, Arthur A., 1993, *Executive Development : Preparing for the 21st Century* (NY : Oxford University Press).

250　Deming, W. Edwards, *Out of the Crisis*, cited by Woods, John, 2000, *The Quotable Executive* (NY : McGraw-Hill), p.159.
251　Woods, John, 2000, op.cit., p.160.
252　http://www.jma.or.jp/release/42.html.
253　Townsend, P., 1984, *Up the Organization!* (NY : Random House), pp.27-8.
254　Horton, Thomas R., 1996, "Selecting the Best for the Top," *Management Review,* American Management Association, Jan. 1996, pp.21-2.
255　Wertz, Lana H., "Executive Development," in Craig, Robert L. (ed.), 1996, op.cit., pp.628-29.
256　Wertz, Lana H., "Executive Development," in Craig, Robert L. (ed.), op.cit., p.624.
257　Monkhouse, Bob, 1997, *Just Say A Few Words : The Complete Speaker's Handbook* (NY : Barnes & Noble Books), p.110.
258　Parietti, Jeff, 1997, *The Book of Truly Stupid Business Quotes* (NY : Harper Collins Oublishers, Inc.), p.5.
259　Griffith, Joe, 1990, op.cit., p.106.
260　*Leadership,* September 24, 1996, pp.21-4.
261　儲けをたくらんで積み込まれた商品，冒険にさらされた賭け金，リスクを背負った企業，これらをベンチャーと言う。ベンチャー企業の成功ばかりが近年，もてはやされるが，潰え去ったベンチャーのほうが多いであろう。しかし，それをものともせず，偉業をなした人々の多くにわれわれは感謝せねばならない。NHKの『プロジェクトX』に多くの人が感激する。現実のドラマに登場する人々はどう育ったのか，たいへん重要なテーマである。

索　引

［あ　行］

アイアコッカ　79
アイゼンハワー　59
ザ・アイデアル・トイ社　40
アイデンティティ　83
IBM　21
アインシュタイン，A.　42
アセスメント　139
アッシュ，M. K.　46, 51
アドラー，A.　51
アージリス，C.　67, 68
イェーツ　52
イノベーション　119
イーストマン，J.　141
イーストマン・コダック社　27
ウォールマート　41
ウォーレス夫妻　142
営業職教育　88
エジソン，T.　27
エックマン，P.　49
MTP　94
エリザベスⅠ世　63
エリート　1, 3, 100, 101, 118
（株）大谷　22
Off-JT　35
親方　31, 81-84
OHT　35, 65, 106, 108

［か　行］

海外派遣　107, 128-131, 136
会社　4, 5, 14, 16, 20-24, 27, 32, 33, 37, 38, 40, 41, 47, 51, 61, 63, 69, 70, 72, 73, 92, 104, 110, 111, 113, 115, 119, 120, 122, 125, 127, 134, 137, 141
階層別教育　95
貨殖精神　141
過剰教育　111
過剰同調　24, 60

カンター，R.M.　119, 120
監督者訓練　93, 94
韓愈　7
管理・間接部門の肥大　134
官僚制　32, 75
カール・ベンツ　32
カーネギー，D.　46
学習　11-13, 15-17, 25, 36, 37, 45, 60, 67-73, 77, 88, 97, 103, 110, 117-119, 138
　──意欲　45
　──集団　60, 67, 110
　──組織　11, 67-70, 119
　──能力　67, 71, 72
学校教育　70, 75, 79, 96, 107
起業家　22, 26, 34, 39, 89, 138, 140, 141, 143
　──精神　34, 89, 140, 141, 143
企業グループ　100, 101, 136
企業高校　95
企業内学校　77, 86
企業内養成　93
キャリア　1-5, 19, 36, 50, 62, 65, 67, 71, 74, 79, 85, 86, 102, 103, 106, 122, 128, 133-135, 137-139
　──・アップ　2
　──開発　1, 5, 71, 128
　──教育　79, 85, 86
　──訓練　1
　──管理　1, 102, 103
　──組　2
　──形成　67, 138
　──コース　134
　──面接　102, 103
キャリアデザイン　102, 133, 137
教育体系　22, 95
教育ビジネス　93
キルケゴール　20
技能　34, 67, 71, 72, 75, 80, 83-85, 88, 89, 93-96, 106, 111, 112, 114, 121, 122, 126, 127, 129-

　　　　131, 135, 136, 139
疑問　19, 26
逆境　46, 47, 53, 79, 102, 103
業績　21, 49, 57, 73, 84, 99
組合　1, 33, 82, 83, 87
クロック，R.　17, 40
訓練校　85, 88
グレイハウンド・バス・カンパニー　37
経営者　1, 26, 30, 35, 37, 39, 40, 47, 63, 70, 72, 88,
　　　97, 99, 114, 138-142
経営職教育　139
啓発　11, 13-15, 19, 96, 101, 102, 105, 108, 119,
　　　123, 124, 127, 129, 135
　自己──　13-15, 19, 96, 102, 105, 108, 119,
　　　123, 124, 127, 129, 135
ケラー，H.　52
研修センター　22
ゲイツ，B.　47
限界　34, 53, 54, 62, 119
現場　3, 12, 22-24, 26, 28, 30, 36-40, 42, 60, 63, 65,
　　　70, 75, 77, 87, 88, 93-96, 102, 105-109, 111-
　　　114, 116, 118, 121, 122, 126, 128, 129, 136, 138
　──主義　37, 63
公共職業訓練　94
孔子　13, 14, 80
幸田露伴　47
後輩　36, 96, 110, 127
高齢化　1, 77, 133
顧客サービス　23, 38, 113, 115, 117, 127
国際化教育　129
コミットメント　4, 111
雇用　2, 21, 23, 32, 37, 73, 74, 76, 105, 112, 120,
　　　122, 124, 125, 131, 134, 141
　──保障　21
コンサルタント　37-39, 70, 71, 139
コンピテンシー　49, 62
コンピュータ　19, 20, 28, 139
コンフェランス・ボード　116
コーチ　51, 64, 102
ゴッホ，V.　46

　　　　［さ　行］

才能　7

サリバン，Th.　27
産業教育　86, 88, 93, 94
　──振興法　94
産業訓練　35, 79, 81, 87, 91, 94, 99, 122, 128
サンド，G.　14, 52
座学　33, 35, 65, 124
シアーズ・ローバック　32
シェイクスピア，W.　2, 142, 143
自己中心主義　4
シスター制度　96, 128
失敗　40-43, 54, 62, 63, 69, 93, 138, 139, 141
島根電工株式会社　24
シャイン，E.　4
社会的規範　83
シャガール，M.　27
社内選抜　139
社内創業者　119, 120
社内大学　95
習慣　19, 26, 42, 43, 51, 59, 71
集合教育　84, 103
就職情報誌　19
集団　8, 32, 36, 45, 46, 49, 57, 58, 60-62, 67, 73, 88,
　　　96, 97, 100, 109-111, 118, 119, 127
修業　82, 83
出世主義　2
シュワート，W.A.　109
シューメーカー　64
生涯能力開発　72
小集団　58, 60, 62, 96, 109-111
少数精鋭　97, 122, 125
消費者　5, 41, 73, 74, 111, 114
職業教育　79-81, 86, 88, 91, 93
職業訓練　71, 80, 81, 84, 85, 87, 88, 91, 94
職業と生活のバランス　1
職長　86, 93
職人　6, 23, 30, 31, 81-84, 89, 109
職能別教育　95
職務のくくり　73, 112
（株）ショーエイ　22
白川静　13
進路相談　102, 103
シーザー　64, 143
事上錬磨　39

160

実験　16, 25, 40, 42, 60, 69, 85, 118, 142
実学　80
事務　36, 37, 63, 75, 76, 81, 93, 118, 121-123, 125-127, 136, 137
ジョップリン，J.　46
熟達　12, 13
授産事業　88
上司　12, 21, 30, 36, 51, 58, 62, 88, 102, 103, 106, 120-122, 127, 144
女性社員　23, 124-127
ジョブ　3, 142
ジョンソン，L.B.　88
人財　6
人事管理　1, 46, 71, 72, 86, 101, 102, 105
人事考課　21, 122, 139
人的資源開発　14, 70
人的資源管理　67, 71, 72, 77, 99
スカウト　75, 124, 139
スキル　34, 38, 69, 71, 72, 106, 118
スタントン，E.C.　15
スチュー・レオナーズ　39, 61
ストファー，D.　115
スペシャリスト　123
成果主義　107, 137
聖書　6, 59
センゲ，P.　68
先輩　36, 39, 52, 58, 72, 96, 110, 127
専門職　67, 87, 101-103, 107, 109, 118, 119, 121, 123, 126
ゼネラリスト　123
創意工夫　35, 41, 67, 68, 118
荘子　8
曹操　10
創造性　13, 114, 119, 120
組織ぐるみ学習　17, 68, 71
組織ぐるみの忘却　17
組織人　3, 32, 34
組織の時代　25, 31, 32, 121
組織文化　43

［た　行］

タウンゼント，P.　38, 63, 139
タキトゥス　31

多能化　103, 112, 121
大学　4, 26, 31, 46, 49, 62, 75, 77, 82, 85, 93-97, 107, 119, 122, 130, 136, 140
大企業　19, 20, 22, 24, 32-35, 73, 86, 87, 89, 92, 100, 104, 128, 130, 134, 135
　──病　19, 20, 100
ダイバーシティ　129
ダウ・ケミカル・カンパニー　41
知識社会　119
知的熟練　113, 119
知的労働者　3
チャップリン，Ch.　141
中小企業　14, 22, 24, 70, 75, 76, 128, 135
忠誠　33, 60, 73
中途採用　82, 101
チームリーダー　64
チームワーク　19, 57, 60, 67, 96
詰め込み教育　12
ティアリンク，R.　70
TWI　87, 94
定年　134, 136
テルトゥリアヌス　33
テーラー，F.　34, 85
ディズニー，W.　41, 114, 142
デミング，E.　110, 138
デュラン，W.　15
デンバー，J.　26
トップマネジメント　70, 72, 106, 138-140
徒弟制　81, 84, 89
トフラー，A.　17
トレンド　70, 73-75
トレーナー　54, 127, 128

［な　行］

仲間　33, 58-61, 73, 83, 118, 119, 142
日本産業訓練協会　94, 99, 122, 128
日本的経営　60, 70, 134
人間関係　50, 62, 87, 88, 97, 127
ネイスビッツ，J.　70, 72, 120
ネットワーク　38, 73, 75, 100
能力開発スタッフ　105, 106
能力再開発　73, 77, 135, 137
能力主義　97, 99, 101

ノードストロム　38

[は　行]

ハクスレイ，A.　13
派遣社員　22
旗頭　62, 63
発達　13, 25, 30, 35, 36, 80, 87, 119
ハマー，M.　15
ハーツバーグ，W.　50
ハードワーク　64, 79
ハーレイ・ダヴィッドソン　70
ハーレイ・マシン社　27
バフェット，W.　141
バルザック，H.　47, 48
デイヴィッド・パッカード　141
パットン，G.　25
パンナム　69
秘書　122
標準　35, 83, 84, 114, 121, 126, 131
品質管理　74, 89, 109, 111
ビジネスキャリア制度　135
ピア・プレッシャー　59, 60
ピカソ，P.　28, 141
ピーターズ，T.　17
フォッシュ，F.　65
フォロワー　50, 60-63, 67
フォード，H.　24, 25, 27, 33, 65, 68, 81, 85, 86, 114, 142
フランクリン，B.　14
フランクル，V.E.　48
フリーター　4
ブラザー制度　96
プロフェッショナル　34, 118, 119
ベニス，N.　64
ホワイトカラー　3, 88, 121-124, 127, 135, 137
ホートン　139
ボス　61, 62, 141
ポップコーン，F.　73

[ま　行]

(株)マイスター　23
マキアヴェリ，N.　9
マクドナルド　32, 40
マグレガー，D.　50
マズロー，A.　49
マニュアル　65, 103, 107, 114, 116, 129, 130
マネジメント　29, 70-72, 106, 107, 129, 136, 138-140
マネージャー　34, 38, 39, 94, 131
マンパワー　95
マージナルマン　24, 25
三越小僧読本　116
宮崎市定　11, 12
ミンツバーグ，H.　65
メイスフィールド，J.　53
メンター　51, 102, 127, 128
目標管理　37, 102
モチベーション　31, 45, 49-52
モラール　45, 46, 49, 121
問題解決能力　39
モートン，A.T.　47

[や　行]

夜学　85
野性　20, 21
やる気　24, 45, 47, 49-51, 53, 102, 126
ユナイテッド航空　40
欲求　49, 50, 113, 141

[ら　行]

ライト兄弟　26
ライフコース　1
ライフスタイル　1
ライフプロセス　1
リエンジニアリング　15, 71
リーダーズ・ダイジェスト　142

〈著者紹介〉川喜多 喬（かわきた たかし）

1948年，大阪府生まれ．東京大学文学部社会学科卒，東京大学大学院社会学研究科博士課程満期退学．76年茨城大学講師のち助教授，83年，東京外国語大学助教授，90年，法政大学経営学部教授．主著に『中小製造業の経営行動と人的資源』（同友館），『元気な中堅企業の人材マネジメント』（同），『人材育成とキャリアデザイン支援』（労働新聞社），他多数．

《キャリアデザイン選書》
● 人材育成論入門

2004年9月17日	初版第1刷発行
2013年4月5日	第6刷発行

著　者　川喜多 喬
発行所　財団法人　法政大学出版局
〒102-0071 東京都千代田区富士見2-17-1
電話 03(5214)5540　振替 00160-6-95814
整版・緑営舎／印刷・三和印刷／製本・根本製本
© 2004, Takashi Kawakita
Printed in Japan
ISBN 978-4-588-68001-4

川喜多 喬	人材育成論入門 *	本 書
佐貫 浩	学校と人間形成〈OD版〉*	2500 円
児美川孝一郎	若者とアイデンティティ *	2300 円
八幡 成美	職業とキャリア *	2300 円
小門 裕幸	アントレプレナーシップとシティズンシップ *	2600 円
山田 泉	多文化教育Ⅰ *	近 刊
筒井・遠藤	教育を原理する *	近 刊
梅崎・田澤 編著	大学生の学びとキャリア	近 刊
笹川 孝一 編	生涯学習社会とキャリアデザイン	2600 円
嶺 学	労働の人間化を求めて	2200 円
清成 忠男	21世紀の私立大学像	1800 円
清成 忠男	21世紀 私立大学の挑戦	1800 円
清成 忠男	現代日本の大学革新	3500 円

（＊はキャリアデザイン選書／表示価格は税別です）

法政大学出版局